百世风范

婺源诚义守信故事选

婺源县政协学习文史教文卫体委员会
婺源县老科学技术工作者协会 编

中国科学技术大学出版社

内容简介

本书为婺源地方历史诚义守信故事选,其撰写主要依据《婺源县志》和民间的宗谱、家谱等资料,收录的婺源境内发生的或婺源人的诚义守信故事均有凭有据,真实可考,反映真人真事真情,为传承和弘扬婺源诚义守信文化提供丰富素材。

图书在版编目(CIP)数据

百世风范:婺源诚义守信故事选/婺源县政协学习文史教文卫体委员会,婺源县老科学技术工作者协会编.—合肥:中国科学技术大学出版社,2022.4

ISBN 978-7-312-05430-3

Ⅰ.百⋯ Ⅱ.①婺⋯ ②婺⋯ Ⅲ.文化史—史料—婺源县 Ⅳ.K295.64

中国版本图书馆CIP数据核字(2022)第048062号

百世风范:婺源诚义守信故事选
BAI SHI FENGFAN: WUYUAN CHENGYI SHOUXIN GUSHI XUAN

出版	中国科学技术大学出版社
	安徽省合肥市金寨路96号,230026
	http://press.ustc.edu.cn
	https://zgkxjsdxcbs.tmall.com
印刷	安徽国文彩印有限公司
发行	中国科学技术大学出版社
开本	710 mm×1000 mm 1/16
印张	13
字数	193千
版次	2022年4月第1版
印次	2022年4月第1次印刷
定价	48.00元

组织委员会

顾　问：徐树斌　周华兵
主　任：汪春萍　汪学群
副主任：吕　军　黄永安　汪桂福　方福民　程汉新
　　　　　束永良　查　欣　江金盛　王永新　吴细和
　　　　　周　茜　汪春辉　汪洪林　何宇昭
委　员（以姓氏笔画为序）：
　　　　　王　卫　王晓玲　叶淦庭　毕新丁　何智强
　　　　　周　斌　梅丽华　董小平　潘　健

编写委员会

主　编：程汉新
副主编：吴精通（常务）　毕新丁　周　斌
撰　稿（以姓氏笔画为序）：
　　　　　王鸿平　毕新丁　吴精通　余灶均　汪发林
　　　　　汪稳生　陈爱中　胡兆保　程万里　游姗姗
　　　　　游桂生　潘永祥

序

作为文明古国、礼仪之邦的中国,历来重视诚义守信的传统美德。孔子曰:"民无信不立。"墨子曰:"志不强者智不达,言不信者行不果。"庄子曰:"真者,精诚之至也,不精不诚,不能动人。"古代圣贤把诚信作为崇高的美德加以颂扬,使之成为中华优秀传统文化的内涵之一。

诚信是社会主义核心价值观的重要内容,习近平总书记多次强调诚信的重要性,2014年5月,他在北京大学师生座谈会上的讲话中强调:"中华文化强调'民惟邦本''天人合一''和而不同',强调'天行健,君子以自强不息''大道之行也,天下为公';强调'天下兴亡,匹夫有责',主张以德治国、以文化人;强调'君子喻于义''君子坦荡荡''君子义以为质';强调'言必信,行必果''人而无信,不知其可也';强调'德不孤,必有邻''仁者爱人''与人为善''己所不欲,勿施于人''出入相友,守望相助''老吾老以及人之老,幼吾幼以及人之幼''扶贫济困''不患寡而患不均',等等。像这样的思想和理念,不论过去还是现在,都有其鲜明的民族特色,都有其永不褪色的时代价值。"

婺源是文公阙里、千年书乡。朱子曰:"诚者,真实无妄之谓,天理之本然也。"他认为,诚实守信,真实无欺,是人所应当遵循的规范。婺源百姓崇尚朱子理学,读朱子之书、服朱子之教、秉朱子之礼,崇信尚义。深厚的文化底蕴孕育了婺源良好的家风民风,发生过许许多多感人至深的诚义守信故事。

唐代，婺源曹门村旅店主汪源见巨财不忘信义，拾珠宝不昧良心，诚信为人，追寻客商20里（1里合0.5千米），主动归还客商的珠宝，成就"还珠"美谈。南宋，婺源人张敦颐言而有信，主动代朱熹之父朱松赎回祖田百亩（1亩约合666.67平方米），成为诚信佳话。明代，婺源江湾村江一麟夫妇相互规劝，以信立身不亏心。清代，婺源黄村黄声翰一言九鼎捐建宗祠，为后世留下一座古徽州宗祠建筑艺术瑰宝；官桥村朱文炽诚信业茶，出售过期新茶注明"陈茶"二字，以示不欺，赢得诚信美誉；庐坑村詹谷代主经营，十年守信，业乃大振，涓滴无私，众人叹服。

这些诚信故事举不胜举，是婺源先辈留下的精神财富，是中国传统文化中诚信精神的真实体现，是经过长期的历史积淀后融入精神血脉的优秀文化基因。婺源县政协学习文史教文卫体委员会、婺源县老科学技术工作者协会组织当地力量，从纷繁史料中挖掘整理诚信故事，编撰成《百世风范：婺源诚义守信故事选》一书，为彰显先贤善行、传承诚信基因提供了生动的乡土教材，是弘扬婺源本土诚信文化的务实之举。

婺源正在打造乡村旅游及乡村振兴的示范和标杆，培育乡风文明，促进乡村振兴，是当前一项重要任务。乡风文明是乡村振兴战略的灵魂所在，用身边的婺源诚信故事感化身边人，让人们见贤思齐，以诚信文化滋养人心，促进乡风文明建设。讲好婺源诚信故事，倡导诚义守信之风，对推进新时代婺源的高质量发展具有重要的现实意义。《百世风范：婺源诚义守信故事选》一书的出版，正当其时，可喜可贺。

略缀文字以为序。

婺源县政协原主席　汪春萍
2021年9月

目录

序 / i

黄卧云信守木排 / 1
一诺千金筑堤坝 / 5
不负重托育皇子 / 8
拆屋立信倡让溪 / 13
诚心实意巧筑堰 / 17
诚信儒医张半帖 / 21
诚信业茶汪序昭 / 26
芙蓉岭上还珠宝 / 32
汪恺断案信为本 / 37
信义立身不亏心 / 41
言出必行开新岭 / 45
言而有信代赎田 / 51
一言九鼎建宗祠 / 56
以身作则立诚信 / 62
不负师托护遗稿 / 67
徽州木商重诚信 / 72
清明会次见守信 / 76
标明陈茶扬诚信 / 80
查信廷如数还款 / 83
诚信似金石当银 / 87
兑现承诺拓良田 / 90
割股纳书守承诺 / 94
守诺重义五十载 / 98

为民请命不食言 / 100
言而有信程焕铨 / 103
一诺十年不言悔 / 107
洪村阖族定茶规 / 111
怀诚信为民请命 / 116
江导岷践诺建祠 / 121
江恭埙守信不渝 / 126
使金被拘诚不悔 / 131
彩虹桥上铭恩德 / 136
程玉贵诚信传家 / 139
戴振伸守诺修闸 / 143
俞嘉树传医济世 / 146
胡从政允诺修谱 / 151
胡高绥代主营商 / 155
江文标义救弃婴 / 158
俞俊祺铁石坚贞 / 161
俞明兆守诺济亲 / 163
詹励吾的生意经 / 166
詹文锡与詹商岭 / 170
詹元甲不拿抽息 / 173
守诺捐修石护栏 / 176
诚心济世游启贤 / 181
重诺倾囊解族忧 / 184
诚信为本查贪腐 / 186
取信于民筑河堤 / 189
修堤除恶彰诚信 / 193

后记 / 198

黄卧云信守木排

王鸿平

　　黄卧云，名海，婺源环溪（今清华镇黄家村）人，清代书画家、篆刻家，兼工诗文。《广印人传》称他"善书画，松、桐尤擅长"。《历代画史汇传补编》卷三称他"工篆刻，善画，工山水，初学董北苑，后仿荆、关，并精铁笔，兼善小楷，喜用鸡毫"。光绪年间汪正元等重修《婺源县志》时把他列入《方技传》，传载："黄海，字卧云，环溪人。八品议叙。善书画、篆刻，并工诗。湖北武黄分府李炳奎有订交诗，又有楹帖赠句。裕宫保余山、陈廉访叙斋、江学使晓帆、王都转竹屿、赵方伯菊言、汤将军雨生、张观察玉田皆有题赠，名重江南。"可见黄卧云的艺术造诣得到了当时名公巨卿的肯定，今天的拍卖会场仍能看到他所留下的作品。正是这样的一位文人雅士，第一次鸦片战争期间在南京上新河镇，敢于率领600名勇士，信守承诺为朋友守护木排，不得不令人感叹其轻死重义的胆识和气魄。

　　此事还得从一个叫李炳奎（字石筠）的人说起。清道光二十一年（1841），时任湖南常德府（今常德市）同知李炳奎，接上司之令，将常德府德山镇累年采办的皇木解送到京城。明清时期的德山镇，为洞庭湖流域的一大货物集散地，许多婺源木商会聚于此。是年六月，李炳奎偕家眷及随同人员从德山镇出发，经沅水，达洞庭，溯长江一路东下。道光二十二年（1842）正月抵达南京上新河镇，接下来将由长江驶入运河。李炳奎心想，运河河床这么多年来已经变得很高，加上运河河道运输异常繁忙，就连运送漕粮至京师的船只也都是等北方冰冻过后才能起航，何况木材体积庞大，运输木材的木排数量很多，势必等夏季雨水过后，方能前行。于是李炳奎的运木团队就在上新河码头暂作休整。

李炳奎《常惺惺斋集》中的《怀人诗并序》

此前，李炳奎在经过芜湖时，为郭炘的《山无尽图》长卷题诗，见一题咏者书法与明代大书法家董其昌极其相似，便问题咏者是何人。郭炘说："此为婺源黄卧云所题，他现今寓居南京上新河镇，您若是想见其人，我为您介绍相识。"郭炘即作书札，李炳奎连声称谢。道光十二年（1832），黄卧云自婺源至南京，以书画、篆刻游幕于名公巨卿之间，如侨居南京的婺源同乡王凤生、武进籍将军汤贻汾等皆与他折节相交，就连江宁布政使赵盛奎、安徽按察使陈功等对他都极为推重。李炳奎抵南京上新河镇，与黄卧云一见如故，相谈甚欢，黄卧云绘《墨竹》相赠，双方相互作诗酬赠。

李炳奎阅邸报时得知英国侵略军在五月初八集结了7艘战舰和6

艘蒸汽舰强攻吴淞口，江南水陆提督陈化成拼死抵御，已经壮烈牺牲。英军逆长江而行，于六月十四日大举进攻镇江，镇江城不久后失陷。数日后，英国舰队已驶至南京下关江面，陈兵南京城下。南京城戒严，城内百姓人心惶惶。举人出身的李炳奎，从任职国子监助教，再外放地方任同知，为官近20年都是在承平之时，自是从未见过这阵势，不由得心惊胆战。而上新河镇位于南京城外的西郊，并无一兵一卒可抵御，李炳奎急与黄卧云、婺源木商王以淦等好友商议对策。此时，上新河镇的婺源木商也正聚在一起讨论对策。

经过几番商议，黄卧云自告奋勇，留下守护同乡木场及木排，并建议李炳奎带着家眷避居于距南京城20多公里的龙都。

李炳奎及同乡木商避乱别去，黄卧云镇定自若，立即出重资招募义勇，数日内招集600人。他从容部署，守据要隘，日夜巡护，所费近万两白银。英军陈兵江上，进逼南京，是为了逼迫清政府开放通商口岸及索要赎城费。清政府在浙江定海及吴淞口、镇江的军事上失利，被迫派钦差大臣耆英与两江总督牛鉴、乍浦副都统伊里布为代表，与英方交涉。中英和约谈判从七月初六开始至二十四日结束，其间英方不允许清政府对他们所提出的条件做修改，并数次以进攻南京相要挟。最终于七月二十四日，耆英等与英国全权代表璞鼎查在南京江面上的英国"皋华丽"号战舰上签署了和约，即丧权辱国的《南京条约》。

英军撤兵后，上新河镇渐渐恢复了往日的繁华。黄卧云冒着生命危险，抱着视死如归的信念，日夜信守木排的事迹，得到了李炳奎及婺源同乡的高度赞誉。李炳奎对黄卧云愈加钦佩，并希望他能襄助自己的官宦之路。李炳奎求贤若渴，后来又请王以淦为说客，最终黄卧云在道光二十四年（1844）赴湖北，为黄州府幕僚。时任湖广总督裕泰耳闻黄卧云信守木排的事迹，亲自为他的《卧云印谱》题诗褒奖。

链接

黄卧云

　　黄卧云,名海,安徽婺源人。善书画,能诗,余初不相识。辛丑腊,在芜湖郭松樵画卷中,见其题跋,辄为心倾。壬寅春初,订交白下,意气相投,如旧相识。夏间,英夷逼江宁城外,上河居民迁徙殆尽,货物委积如山,余亦仅偕眷属寓龙都,公私悉以委之。卧云倡集义民六百,尽夜防护,议费议赏不下万金,目不交睫十余日,夷不敢窥,上河庐舍货殖安然无恙,余琴书亦获全,殆伟人也。其笔墨之妙,乃余事耳。诗云:"鸿文乍见起相思,犹忆芜湖雪夜时。不道斯人生婺水,竟将奇气压峨眉。危巢借荫成完卵,妙手凭空捡漏卮。我与义民同一感,上河草木有新枝。"

(清李炳奎《常惺惺斋集·卷八·安流草》)

一诺千金筑堤坝

毕新丁

清代婺源西冲人俞俊锦是一位国学生,也是一位儒商。乾隆年间,他在乐平、德兴做生意时,发现两地交界处有一条长堤已经倾圮许久却无人过问。俞俊锦经过进一步调查得知,明清易代,乐平、德兴两地衙门都推托倾圮长堤不属自己的辖地,都不牵头组织,两地百姓有心无力。因此这一带屡遭干旱灾害,农民的庄稼常常因缺水而颗粒无收。

俞俊锦倡议集资重新修筑长堤,可是当地士绅个个吝啬,都以各种堂皇的理由拒绝资助。这反而更坚定了俞俊锦重筑长堤的决心,他许下诺言:"给我三年时间筹款,一定要将这条长堤修好!"

三年后,俞俊锦果然携带重金,在当地广招民工,择吉日开始了艰难的疏滩筑堤工程。为了修筑

《婺源县志》中所记俞俊锦事迹

这条堤坝，俞俊锦荒废了自己的生意，夏天顶烈日，冬天迎寒风，亲自与筑堤工人一起砌筑堤坝，或扶钢钎打石块，或肩扛石头、担畚箕挑砂石，以至于手足上的老茧与工人一样又多又厚。

重筑一条长堤靠俞俊锦一己之资根本不够，他便回家乡向婺源乡绅募捐。本县乡绅们为他的仁义所感动，纷纷伸出援手，或捐钱粮，或出人力，助其完成了重筑长堤的夙愿。堤坝完工后，俞俊锦将此堤取名为"永丰"，表达了两地百姓年年丰收的美好愿望。

俞俊锦一生做了许多好事。早年，他经商于江苏丹徒之圌山一带，正遇上那一年闹饥荒，俞俊锦捐了许多银子赈济灾民，救活了不少人。他还常为客死异乡的人买棺安葬，更是常常帮助外出打工的婺源籍子弟，或提供免费食宿，或纳入本店铺、本行业为学徒，或借资给他们另寻出路。

婺源是徽商的重要发祥地，更是礼仪之乡。俞俊锦异乡一诺千金筑堤坝的事迹，充分体现了崇文向善、勤俭努力、敢为人先、重义诚信、仁心济世、爱国爱乡的徽商精神。

俞俊锦的仁义之举，感动了当时的婺源县令许肇封。为了教化乡民，在一次县学考试中，他出了一道"永丰堤赋"的试题。不久，德兴县学的教谕，也把俞俊锦无私筑堤的事迹作为试题考所属生员。此后，俞俊锦异乡疏滩筑堤的事迹传遍了附近几个县。

链接

俞 俊 锦

俞俊锦，字绣轩，西谷人，国学生。商于丹徒之圌山，遇岁饥，输数百金以赈，全活多人，复施棺瘗殍。生平嗜义笃至，乐平、德兴二州界有堤，长数十里，自前明倾圮，莫能修，居民迭遭水患。锦集邑绅议筑，皆以费巨辞。愠曰："待我三年，力能办之。"爰祷神默相，贸迁孳息，不下千金。即诹吉兴工，躬畚锸，手足尽茧弗

恤。资馨，乃奔走于邑绅，皆悉其勤苦，而佽助焉。堤成，名曰"永丰"。邑侯许表其间，会课试，遂以"永丰堤"命赋，择其尤雅者颁刻传颂，一时荣之。

（清光绪《婺源县志·卷三十四·人物七·义行七》）

不负重托育皇子

吴精通

在婺源紫阳镇考水村至今流传着唐末村人胡清不负重托育皇子的传奇故事,彰显着婺源先辈诚义守信的品格。

唐乾符五年(878)至中和四年(884),黄巢领兵起义,力图推翻唐王朝。这是唐末历时最久、遍及最广、影响最深远的一次大动乱。黄巢之乱波及唐王朝半壁江山,百姓流离失所、遍地哀鸿,直接导致唐王朝国力大衰,政权摇摇欲坠。

黄巢起义最后由于官军围剿和内部离析而归于失败,却导致唐王朝各地武装割据各自为政,天下大乱。在围剿黄巢起义军的过程中,朱温的实力逐步壮大,逐渐成为唐末最大的割据势力。文德元年(888),僖宗去世,昭宗即位,尽管他很想有所作为,但彼时朝政尽失,命运掌握在朱温手里。此时,朱温篡权的野心

《上川明经胡氏宗谱》中的胡昌翼画像

也日益显露。

天复元年（901），朱温率军由洛阳入关，想逼迫昭宗迁都洛阳，宦官韩全诲与岐王李茂贞将昭宗护送至凤翔。朱温派兵围困凤翔。天复三年（903），岐王李茂贞不敌朱温，被迫杀韩全诲，送出昭宗。从此，昭宗落入朱温之手，失去人身自由。为了加强对昭宗的控制，朱温决定拆毁长安宫阙，迁都洛阳，以便于自己篡权夺位。

天祐元年（904）正月，朱温奉表上奏昭宗，谎称："邠王、岐王的军队要进军长安，请皇上迁都洛阳。"在朱温的威逼之下，昭宗和京城长安的百姓被迫启程东行，当时何皇后已怀有身孕。二月，昭宗一行到达陕州（今河南省三门峡市陕州区），昭宗以东都洛阳的行宫还没有建成为由，留住陕州，暂缓东行。三月朔日，何皇后产下皇子，还没等坐完月子，四月，朱温就上奏："洛阳宫室已经建成，请皇上即刻出发，速来洛阳。"昭宗遣宫人回谕："皇后新产，身子还未恢复，不便远道奔波，尚不能出发，等到十月，待皇后身子恢复后，再东行也不迟。"

朱温接到昭宗的回谕后，怀疑昭宗不愿意迁都洛阳，他疑心重重，担心昭宗改变想法。为避免节外生枝，朱温派遣部将寇彦卿从洛阳赶往陕州，命他马上督促昭宗一行即刻动身，前来洛阳。寇彦卿率兵赶到陕州后，向昭宗转告了朱温的意思，要求昭宗即刻动身前往洛阳。

何皇后得知这一情况后，感到此次迁都东行凶多吉少，告诉昭宗说："朱温篡权之心昭然若揭，此次东行洛阳必然要遭其毒手，我俩性命不足惜，但皇儿尚在襁褓之中，要早作打算。"昭宗与何皇后商量："事情危急，不如将皇儿护以御衣，隐匿民间，或许能保全性命。"何皇后也感到事到如今别无他法，只得同意。但将皇子托付给谁呢？昭宗夫妇思来想去，最后想到了心腹近侍金紫光禄大夫胡清。胡清是歙州考川（今婺源县紫阳镇考水村）人，为人正义，当年宦官刘季述弄权，朝廷上下无不怨声载道，胡清曾在金殿之上大声痛骂刘季述，历数刘季述的恶迹，一时间震惊朝野。胡清忠义之名天下皆知，深受昭宗信赖。

是夜，胡清在内侍的带领下，避过朱温的耳目，来到昭宗所居的内室，见昭宗愁眉不展，旁边站着抱着皇子的何皇后，气氛凝重。胡清知道深夜召见，必有要事，忙问道："圣上深夜召见下臣，不知有何要事？"

昭宗从何皇后的手中抱过皇子，用自己的龙袍御衣包裹，又包了一包珠宝，交到胡清手上，哽咽着说道："胡爱卿的忠义之名，朝野皆知，怎奈朕受制于贼子，一直未能予以厚报，实乃朕之过错，今朕以皇子相托，望胡爱卿看在你我君臣一场的分上，将皇子带至乡里，隐姓埋名抚养。切不可让外人得知其身世，如此可保我大唐皇族一脉不绝。"

胡清望着熟睡中的皇子，连忙跪下，许下诺言："皇上放心，下臣用身家性命担保，一定不负重托，抚养皇子成人。"

当夜，在金吾卫上将军孙德诏的掩护下，胡清避开朱温的耳目，趁着夜色逃离陕州，一路之上历尽艰险，秘密潜回老家歙州考川，隐居下来。当时，歙州属吴国，归杨行密控制，朱温不敢犯，相对稳定安全，中原一带逃难的百姓都纷纷逃来歙州避难。胡清对外宣称皇子是自己的儿子，跟自己从胡姓，名"昌翼"，取"大得覆翼"之义。后来，昭宗夫妇被迫迁都洛阳，失去人身自由，后为朱温所杀，其他皇子9人尽被害于九曲池，唯胡昌翼尚存，留下了李唐一支血脉。

一代忠臣胡清果然不负昭宗重托，一心抚养皇子胡昌翼成人。在胡清的精心培养教育之下，胡昌翼饱读诗书，立志成才。后唐同光三年（925），胡昌翼21岁时，荣登明经科第二名进士。

胡昌翼一举中第，胡清不禁回想起当年昭宗托子的场景，感到自己没有辜负皇上的重托。他觉得胡昌翼已长大成人，向胡昌翼告知他的真实身份的时候到了。胡清破墙掏出珍藏多年的龙袍御衣和皇室珠宝，告诉了胡昌翼当年那段不堪回首的往事。

胡清拉着胡昌翼的手，说："你且收好这些御衣珠宝，切不可旁示于人，这些就是你今后传家的信物。"他接着说："朱温贼子早已经死了，国仇家恨，时过境迁，一切都已烟消云散。你如今已长大成人，可恢复李姓，毕竟你是李唐皇家的血脉。"

胡昌翼得知自己的身世，也大吃一惊，哭道："父亲，大唐江山早已换姓，我虽李唐皇室，但深感父亲养育之恩，既然先皇当年准我隐姓埋名，又何必改回去呢？自我之下所有子孙，世代姓胡，永不改姓！"

胡昌翼得知自己乃李唐皇室之后，现已改朝换代，又何必屈尊于别人之下，令先人蒙羞呢？于是决意终身不出仕为官，隐居民间。他在考川修建了"绎思斋""畅情池"，专心教书讲经，倡明经学，拒不出仕，人号"明经翁"。胡昌翼平日间结交乡野隐士，遨游乡间山水，自得其乐，曾赋诗曰："家住乡庄称僻处，就中幽景胜他人。林园满目犹堪玩，丘亩当门渐觉新。绎思斋中寻古义，畅情池上钓金鳞。人生但得常如此，任是湖边属汉秦。"

北宋咸平二年（999），胡昌翼无疾而终，享年九十有六。临终之时叮嘱儿孙，为报胡清救命养育之恩，切不可改回李姓。胡昌翼墓葬在考水村对面的黄杜坞，墓地呈凤字形，墓上部呈半球形，面贴龙鳞青砖。墓葬顶为太极图，侧围为八卦符。墓正对考水村背后的玛瑙峰，背靠连绵数十公里的龙形山。

此后，胡昌翼的子孙世代以经学传家，号称"明经胡氏"，世代相传这段"不负重托育皇子"的传奇。

链接

始祖明经府君传

府君讳昌翼，字宏远，号眉轩，本唐昭宗子。昭宗乾宁四年，立淑妃何氏为皇后。天祐元年，朱全忠表称："邠、岐兵逼畿甸，请上迁都洛阳。"二月至陕，以东都宫阙未成留止。三月朔，生公。

四月，全忠奏："宫室已成，请车驾早发。"上遣宫人谕："以皇后新产，未任就道。"全忠疑上徘徊俟变，谓牙将寇彦卿曰："汝速至陕，即日起促官家发来。"后谓帝曰："自今大家夫妇委身全忠矣，因以新产子效袴中儿，护以御衣宝物，匿民间。"

时婺源胡三公者宦游长安，匿之以归。名曰"昌翼"，取"大得覆翼"之义。帝奔播既屡，威柄尽失，至洛阳与后相视无死所。已而遇杀，朱温将篡，屠灭宗室略尽。先是淮南将高骈死，杨行密、徐知诰相承篡绪，保有淮江东西地。

徽故歙州与吴越邻，温莫敢窥，亡人乐奔焉。公幸护翼南归，育于胡氏，遂冒胡姓。后唐同光三年乙酉，以明经登第，三公授以御衣、宝玩，示之以实。遂不仕，隐居考川，倡明经学，为世儒宗，尤邃于《易》，著有《周易传注》等书。

后周广顺癸丑，征辟不就，人号"明经翁"。所居有"绎思斋""畅情池"，临流纵目，以遨以游。尝赋诗曰："家住乡庄称僻处，就中幽景胜他人。林园满目犹堪玩，丘亩当门渐觉新。绎思斋中寻古义，畅情池上钓金鳞。人生但得常如此，任是湖边属汉秦。"

自考水东行五里有"朱源溪"，公尝道溪上，悯行者险难桥焉，众利赖公，名"太子桥"。十四世孙安国得"绎思斋"故址为"明经书堂"。后改筑西山之麓，而以"明经书院"名。

公殁于宋咸平己亥年，九十有六，墓在石子坞，祠在考川。子孙世以经学传家，署其族曰"明经胡氏"。

（清宣统《上川明经胡氏宗谱》）

拆屋立信倡让溪

吴精通

在婺源江湾镇济溪村中游氏宗祠内，立着一块1米见方的青石碑，一面刻着"文行兴贤"，一面刻着"山川钟秀"。这块青石碑原嵌在济溪村游氏大宗祠前的"科第题名坊"上，这座"科第题名坊"是明嘉靖年间济溪村第一位进士游震得捐资所建。"文行兴贤""山川钟秀"寄托着游震得对家乡的期许，后来成为济溪村的村训。

游震得少年时，因为家境贫寒，他一边砍柴卖柴，维持生活，一边抽空读书，勤奋学习。明嘉靖十七年（1538），游震得依靠自己的勤奋，终于考中了进士，后来担任监察御史。他在御史任上为朝廷建言献策，以清正廉洁而闻名。后来，因为政绩卓著，游震得升任左副都御史，并担任福建巡抚。当时，东南沿海倭寇进扰，游震得慧眼识英雄，举荐了谭纶、戚继光等人追剿倭寇。这些人后来都成了抗倭名将，为扫除倭寇立下不朽的功勋。后来，游震得辞官归田，回到了家乡。

归乡后，游震得注重教育，提出"兴村先兴贤"的教育思想，倡导诚信村风，主张做人要以修身为本，强调做事要重于实践，不亲身劳动体验，就不会有收获。他决心以身作则，带头作为，为家乡做些实事，回报故里。

发源于济岭的济溪穿村而过，随着村落的繁荣，人口的增加，越来越多的村人侵占河道建房，使得河道变窄，每年的梅雨季节，洪水汹涌肆虐，常常将济溪边的房子冲毁，造成重大损失。游震得看在眼里急在心头，在村中逢人便讲保护溪流河道的重要性，号召村民要尊重自然，顺应自然，主张人要让溪，建房不可以挤占河道，否则就要遭到大自然的报复。

有一天，村中一户人家又想在河道旁建房，游震得知道后前往劝阻，反复强调侵占河道的危害性。然而这位村民却反驳道："你自家的祖宅也建在溪边，靠近河道，你现在讲要让溪，是空口讲白话，站着说话不腰疼。你叫我让溪，你自己先做到。你如果拆屋让溪，我就信你；否则就一边去，不要碍我的事。"

游震得闻听此言，不禁一时语塞。虽然祖宅是自己祖辈所建，并非自己所为，但还是授人以柄，难以服众。为了践行言行一致的诚信精神，游震得毅然决定拆掉祖屋，让地河道。他说服自己的兄弟，将祖宅拆除，并主动退后一半，让出一半的宅基地，加宽河道，使溪水畅通无阻，还在原址上建设书院，用于村里教育事业。村中的百姓看到游震得的举动，纷纷点头称赞，表示信服。原先打算侵占河道建房的村民也打消了念头，另寻他处建房。在游震得拆屋立信的示范下，济溪村侵占河道建房的不良习气得到有效遏制，为后代子孙留下了一段宽阔的河道。当时徽州府郡守邓公得知这一事迹之后，敬佩游震得的无私品格和诚信精神，特地为他题赠"让溪书院"的匾额。后来，学者因此而尊称游震得为"让溪先生"，一时传为佳话。

游震得看到济溪村水口空旷，无遮无挡，狂风可以长驱直入，威胁村庄安全。他带头捐出自己的俸金，在村庄外水口修筑坤维山，使河流绕山弯曲流淌，并在山上种树，起到遮风聚气的效果，现已成为济溪村水口的一道景观。

游震得还热心村中公益事业，捐款捐物，建立济口渡口，以便村人来往；修筑五亩碣，以利农田灌溉；设置常平仓，储粮备荒，赈济贫困乡亲。

为了激励村中青少年的读书之风，游震得创建"兴贤会"，并带头向兴贤会捐资。兴贤会类似于现在的互助基金会，专门资助学子参加科第考试。他还在大宗祠创设存著楼，在大宗祠前建立"科第题名坊"，规定凡是考中举人、进士的村人均可在牌坊的横梁上刻上名字，并根据自己的经济条件捐赠钱物给兴贤会，扬名后世。

在这以后，由于崇礼重教、大兴诚信，济溪村果然文风鼎盛，人才辈出，进士、举人不断涌现。现存于济溪村游氏宗祠的"科第题名坊"碑石就是一个有力的见证。

链接

中丞府君传

中丞公讳震得，字汝潜，号让溪。家庭授受，崇尚紫阳，登进士，由行人升南礼科给事中。初履任，即论列东宫礼仪，一日三疏，直声大振。考功郎薛应旂以考察正直，为权宰所衔，出补外任，公疏其冤，复京秩随。丁内艰，起补户科，转兵科左给事。时方士以祷祠荧惑上意，公卿下并仿汉故事，附祠宫进香祝釐。公独倡言不可，世宗怒以"元旦表"失抬"万寿"字，杖午门外四十。寻升赣州兵备副使，大水抔民居，公冒雨出悬赏，格得十九全活。分守辰州，时值采砂、采木、采金之命朝至夕逮，公申请宽即冒谴怒不恤。升楚泉宪，继升闽右布政。

时倭患孔亟，以才望就近推代，遂晋金都御史，授钺督抚八闽。

岛夷方剧，民或避征从贼。乃选募骁勇，起欧

《济溪游氏宗谱》中的《中丞府君传》

阳指挥于家，迎戚将军于浙，一月三捷，会浙士思归，戚亦告复。新倭突至，兴化失守，爰从震荡中决策招徕，分师截遏其南北，倭且落成谷中。先时疏请参政谭监军，至是台中有言如前，请以谭代闻命三日。戚兵至，五日出师，贼灭，桑荫未移，大功竣立，公论惜之已。而穆庙搜扬遗逸，起督储南京，言者犹以前事侵，遂奉旨听调归。

生平以希圣为志、以求仁为功，不以出处二心。尝谓："近日学者喜妙悟而疎践履，崇虚谈而鲜实用，惓惓以躬行，未得为训。"创建虹东书院及尊萝三八会，孳孳讲授。间有以套数质言者，怫然曰："残羹冷炙岂儒者珍哉！"

居家时，厚人伦，赀产均给诸弟妹及群从母妻族。尝捐俸筑"坤维山"，刻《游氏宗谱》，创"兴贤会"，建"题名坊"，立"济口渡"，筑"五亩碣"，输助元日饼租，又置常平仓，赈族岁以为常。所居北涯濒啮于水，割其半以让于溪。郡守邓公题"让溪书院"，学者称为"让溪先生"。

所著有《怡晚录》《周易传义会通》《三书附注》《性理纂要》《谭艺要录》《湖北民隐录》《药裹肤言》《游氏家乘》《让溪甲集》《让溪乙集》行世。宦游所历，赣有刻像、有祠，辰有让溪书院、有生祠、有四贤棠荫祠。卒年七十，崇祀郡邑乡贤，郡志风节，邑志儒林。

赞曰：当世宗朝，士皆尚良知、讲伪学，公独持正觚排，阐明紫阳奥义，以善身世，可不谓贤乎？疏救薛公之冤、节抗方士之惑，何艰险之不避也。兴城失守，位虽不终，而灭贼功勋不可掩也，其世祀也宜哉！

（清乾隆《济溪游氏宗谱·卷二十二·人物·宦贤》）

诚心实意巧筑堰

吴精通

汪口村位于婺源东北部，以地处"汪汪碧水、双河汇口"而得名。北宋大观三年（1109），朝议大夫俞杲开基建村，古称永川，是千烟之地。这里山环水绕，前有屏障，后有靠山，是一方宜居旺族的佳境。明清时期，作为徽州与饶州重要的水上商业交通的物资集散地，汪口村商业十分繁荣，店铺林立，商贾云集，船运如梭，是当时徽州东南部与婺源东北部的区域商业中心和重要的水运商埠。

汪口村有一座拦河石坝——曲尺堰，当地人俗称"汪口碣"。曲尺堰在不设闸门的情况下，同时满足了通舟、蓄水、缓水势的功能，是中国水利建设史上的一项奇迹。堰体历经200多年洪水冲击，依然片石无损，安然无恙，仍似巨龙横卧，惠泽着百姓，护卫着村庄。汪口村村民们至今仍怀念和称赞着它的设计者——江永。

江永（1681—1762），字慎修，号慎斋，婺源江湾人，清代著名的经学家、音韵学家、天文学家和数学家，皖派经学创始人。江永一生科场不利，鄙薄功名，蛰居乡里，从事著述，授徒讲学达60年。他博学多闻，勤奋著述，写下大量治学必读的著作，在天文、历算、钟律、音韵、仪礼、经史百家、地名沿革等领域无不有重要创见，堪称一代积学宿儒。

出生于寒儒之家的江永，自幼聪慧过人，少年时读书过目成诵。清康熙四十年（1701），20岁的江永成为县学生。第二年，江永开始在家设馆教书，以补生活费用之不足。江永教书所挣的学费，全部用于购买书籍。为了能够维持生计，他同时还得耕种几亩薄田来养家糊口。后来，江永又先后在婺源的大畈村、江湾村和城郊宜园、七里亭，安徽休宁县的山斗乡、五城乡和歙县的紫阳书院等处开设学馆，收徒授业。步入中年的江永开始厚积薄发，潜心治学，著书立说，41岁写成《礼书纲目》88卷，54岁写成《四书典林》30卷。他将宇宙万物比作一个"丸"，"弄丸"即是研究探索天地间万事万物的自然规律。因而江永为其书房取名"弄丸斋"，自号"弄丸主人"，潜心著述，在小小的书斋中神游大千世界。

江永毕生清苦，终身不仕，安贫乐道，鄙薄功名。其治学特点表现为"经世致用"，就是要把自己所学用于社会实践，解决实际问题，造福于社会。江永在教书育人的同时，努力从古书中寻求对现实有用的东西，以自己所学所识解决实际问题。他非常关心社会民生，同情家乡人民的疾苦，利用自己所学之长，帮助百姓解决实际困难。他应汪口村民的请求多次实地勘查，诚心实意为村民巧筑堰，就是一个鲜活的事例。

汪口村位于段莘河与江湾河两水汇合处，水流回旋湍急，汪口村码头是婺源北部重要的水运码头。村前为一急滩，枯水期水浅河窄，商船难以行船停泊；汛期却水流湍急，村民撑船放排过河劳作十分困难与危险。每年的洪水期，因水势凶险，常有货船倾覆。为了平缓水势，提高枯水期水位，便于商埠码头的运作，汪口村百姓在村口筑堰以平水势、以锁水口。但由于河道要留出行船通道，石堰不能横断河道，所以只能在河道中建成大半段石堰。由于河宽水急，建成的石堰多被洪水冲毁。石堰常毁常修，当地百姓不堪重负，苦不堪言。

雍正年间，汪口村村口的石堰再次被洪水冲毁，石堰修复工作再次提上议程。许多百姓议论纷纷，有的说："这座石堰这样常修常毁也不是个办法，这次修要请高人来把把脉，找出个解决问题的办法。"有的说："江湾村的江永是个大学者，满腹才华，精于数学，他也许有好办法。"经过族人的商议，汪口村决定请江永来主持修堰大计。

江永对汪口村石堰常修常毁一事早有所闻，他深知汪口村河宽水急又要行船，修座坚固的石堰非常困难。面对汪口村百姓的诚心邀请,江永下定决心,要利用自己所学的知识解民之苦。江永全面考察了汪口的河道,分析了以往建堰失败的主要原因,认为以往建堰为了留出行船通道,石堰一端靠岸,另一端立于河道之中,无所依托,根基不牢,很容易被洪水冲垮,造成整个石堰被毁。面对这一难题,江永时常呆坐在河边冥思苦想,千方百计要筹划出万全之策,以不负汪口村百姓的信任。

经过详细的实地考察,江永决定将堰址选在汪口村村口下游,整个石堰由两部分组成:主体部分为壅高水位的壅水坝,另一部分为用于通航的筏道。整个石堰呈曲尺状横卧于河槽中,其南北向布置壅水溢流坝(曲尺长腿)顶长120米,最大堰高3米,顶宽2米,底宽15米;北堰头向河流上游折弯90度,作为筏道边墙,该边墙与北岸的导流坝空出35米长、6米宽的舟船通道。该舟船通道,既提高了水位,平缓了两流交汇的回旋水势,又汇聚了枯水期的水量,利于枯水期河道行船,使枯水期货船照样可畅通无阻。在洪水期,该通道可供泄洪,减少洪水对堰坝主体的冲击力。这一创造性的设计,有效地满足了通航、蓄水、平缓水势三种功效,同时确保堰坝的稳固。

汪口村曲尺堰

果然，满腹才华的江永没有辜负众人的期望，新颖的堰坝设计方案得到了汪口族人的信任与支持，他们一致同意按这个方案施工。在堰坝的施工过程中，为了增强坝体的坚固性，抵御洪水的冲击，江永又运用力学原理，设计出独特的片石直立修筑法，在堰坝的迎水面，将大块片石紧贴直立起来，窄面对着来水方向，以减弱水流的冲击，坝体的中间部分用片石横砌重叠，与迎水面的片石形成"T"形结构，有力地加强了坝体的坚固性。同时，在堰体的迎水面表层铺砌密密麻麻的鹅卵石，由于鹅卵石无棱角，在洪水期不会被杂物带起，可以有效抵御洪水的冲刷。

曲尺堰的建成有效解决了汪口村的水患，促进了汪口村商业的繁荣，鼎盛时期，汪口村沿河商货转运码头有18个之多。200多年过去了，汪口村的曲尺堰至今仍巨龙横卧，完好无损，印证了一代学者江永的水利工程设计的科学性，见证着江永"诚心实意巧筑堰"的传奇佳话。

链接

曲 尺 堰

曲尺堰在江湾乡汪口村头河中，又称汪口碣。清代著名学者江永设计。碣呈矩形，用鹅卵石砌成，长120米，面宽15米。经历200多年，完好无损。

（婺源县志编纂委员会编《婺源县志》，中国档案出版社1993年版，第508页）

诚信儒医张半帖

吴精通

中国传统村落甲路村的水口有一座太医祠,这是婺源境内唯一的一座奉祀医家的祠庙。太医祠位于赋春镇甲路村至冷水坑的古道旁,距甲路村1公里。原祠建于明代,年久倒塌,现存太医祠为信众集资重建。祠里供奉的是甲路村明代名医张宗温之像,庙边的山坡上是张宗温的墓地,太医祠前、墓地旁和路边残存着一些石碑,上面刻着"妙手回春""华佗再世""医德回生""药到病除"等文字。这座太医祠见证了张宗温诚信行医的故事。

张宗温,字希光,号恒庵,少时攻读四书五经,凡是诸子百家均研读涉猎,一心想考取功名,成就一番事业。后来,由于母亲体弱多病,他便兼习医家著述。由于有从小读书打下的文化基础,张宗温研习医书如鱼得水,甚得其解,尤其苦心钻研医圣张仲景的《伤寒杂病论》。他的医术日益精湛,治好的病人不计其数。

张宗温行医诚信为本,坚持对症下药,从不多用滥用药,尽可能在治好病的同时,减轻患者的经济负担。张宗温不仅医术高明、药到病除,而且医德高尚,为百姓看病一般只收点成本,为贫穷人家看病则分文不取,深得村民敬重。当时,找张宗温看病,既能看好病,花费又不多。一时间,他声名鹊起,在四乡八邻中赢得"诚信医家"的好口碑,前来找他看病的患者络绎不绝。

甲路村水口的太医祠

明万历年间,安徽太平县进士李元调的父亲手指麻木,不能屈伸,四处求医问药,几经治疗仍不见效。李元调听说婺源县甲路村有位名医为人诚信,医术高明,便慕名带着他的父亲前来就医。张宗温仔细诊看了李元调父亲的病情,开出数剂药,其父服用后病情即愈。李元调的父亲看着能屈伸的手指,喜出望外,连声称赞张宗温是"神医"。李元调见张宗温治好了父亲的顽疾,也一脸的开心,拿出重金酬谢。而张宗温却说:"几剂中药,不足挂齿,你们远道而来,花费不少,我分文不能收。"两人再三推辞,最后李元调挥墨写下"妙手回春"的字幅,赠予张宗温,以表感激之情。后来,张宗温分文不取,治好进士父亲顽疾一事四处传开,张宗温的名声更加响亮了。

有一天,张宗温在村中的路亭里,遇到一个得了重病躺在亭凳之上难以起身的行人。旁人议论纷纷,说道:"这个人在亭中已病了两天,浑身无力,连站都站不起来,看来要不行了。"张宗温连忙上前为这个行人把脉问诊,经过仔细的诊断,告诉围观者:"这个人是由于连日的劳累,感染了伤寒,吃上我开的半帖药就能痊愈。"围观人群中有个村民半信半疑，说道："我看这个人病得这么重，如果你半帖药就能治好，我愿服其劳。"张宗温自信地说："一言为定，我现在就开出半帖药，你去药店抓药，煎好后给他服下，一定会药到病除。"这位村民也讲义气，忙去抓药煎药，给这个行人服下。果然，在村民们的照料下，行人不出两天就病好如初。眼见为实，大家见这个奄奄一息的行人转危为安，都佩服张宗温的医术，称他为"半帖神医"。从此，张宗温"半帖神医"的名号传颂四方。

后来，御史张云婿和潘君鉴于张宗温的医术精湛，向朝廷举荐他为太医院太医，而张宗温以双亲年事已高、体弱多病为由推辞不就，安心在家为百姓看病，造福于民。直到张宗温去世后，他的儿子张太素才受聘为太医院院使，也成为一代名医。

张宗温去世后，传说清华镇有一个富商胡老板，为人厚道，乐善好施，夫人却得了怪病，肚子鼓得老大，面黄肌瘦，遍求名医无济于事，胡老板焦急万分。一天，一个郎中找上门说能治好夫人的病，胡老板虽不知道他的来历，但夫人的病眼看已经没指望，只能死马当作活马医，就让郎中诊病。郎中诊看了病情开了半帖药，让胡老板照方抓药。胡老板拿过药方一看，其中有一味砒霜，大吃一惊，赶紧问道："这砒霜有剧毒，人服后性命难保，怎么能入药呢？"郎中却说："夫人肚子里有许多毒虫，服用砒霜毒死肚子里的虫，病才能好，这叫以毒攻毒。"胡老板十分惊愕，迟疑着不敢去抓药，郎中果断地说："你若信我，就能保住你夫人的命，快去抓药吧。"

胡老板想："反正夫人的病眼看没得救，且信他试试吧。"便叫人赶快照方抓药，给夫人煎服后，只听到肚子里咕噜噜直响，夫人连喊肚子疼要拉肚子，有人赶忙把她扶到恭桶上，呼啦啦地拉了半桶竟全都是虫。拉完过后，夫人顿觉身体舒爽了许多，有了精神。胡老板一家非常高兴，忙备礼相谢，郎中谢绝。胡老板问其姓名和住址，郎中说是甲路村人叫张宗温，便告辞回家。静养一个月后，胡老板夫人身体基本恢复，一家人十分高兴。

为了感谢郎中的救命之恩，胡老板备了一担厚礼前往甲路村登门拜谢，找到郎中家里与家人说明事由。张太素一听十分惊愕，悲戚地说家父是叫张宗温，但已去世多年了，又指着厅堂正中墙上挂着的遗像让其辨认。胡老板上前一看，那遗像就是看好他夫人病的郎中。胡老板请张宗温家人带他到墓地虔诚地拜祭了一番，感谢其显灵救了夫人一命。后来，胡老板请人刻了一块碑石立在张宗温的墓旁，上面写着："药到病除，起死回生。"以谢救命之恩。

从此，神医张宗温显灵治好病的故事四处传开，谁得了病就到张宗温的墓地求拜。后来，百姓们在张宗温墓地山脚下的古道旁建了一座太医祠，并在太医祠旁挖了一口"仙泉"。传说前来求拜的百姓带回"仙泉水"饮用，有灵丹之功。那些来张宗温墓地和太医祠求拜的百姓，病好之后，都携带一块刻有感激之词的碑石，立于墓地的路旁，以示感恩还愿。至道光年间，张宗温墓地至太医祠道旁，百姓感恩而立的碑石已有300余块，令人惊叹。张宗温显灵治病的传说固然不可信，太医祠前的泉水也不可能有治病的功效，但是张宗温高明的医术和诚信行医的精神留传后世，感怀后人，这些碑石就是见证。

婺源清代名士齐彦槐感于事迹，特为神医张宗温撰联一副，联曰："术著生前半事有功真国手，灵昭身后十全无失总婆心。"婺源清代名士俞诵芬受托为张宗温作传时，也感叹："德修于身，功及于世，生而为英，死而为灵，正不特后嗣之昌炽，其书香为绵远也。"

链接

明儒医张半帖先生传

先生姓张氏，讳宗温，字希光，号恒庵，"半帖"乃四方之传颂也。幼习儒业，凡诸子百家之书无不精究。为人冲漠，不邀名誉、不喜仕进，当时目为隐君子焉。后因母病，兼习岐黄，尤精于景岳方书，所有医药无不立效，全活甚众。

太平进士李元调为父求医，得奏全效，酬金不受，挥翰以赠。途人有病倒者，先生遇之，施药以治，半粒辄起，故时人皆称为"张半帖"。云婿伯和潘君为风宪大臣，荐之于朝，聘为御医而不就，

表之于家，上以寿序而不受。迨考终后，令嗣君太素先生甚得其传，乃应聘而为太医院院使焉。

先生葬甲道西南社屋岭。百余年来，乡人之慕之者，犹思访其仙冢，求丹以服，而先生亦遂有灵应，由是声遍郡邑。凡有诣墓求丹者，皆起死回生。及今，碑额满墓堂，题赠多乡宦，而先生之名亦不朽矣。以视世之生前赫赫，殁则已焉者，其相去为何如哉！

芬也谊本同乡，闻名日久，心甚慕之。兹当盛族纂修宗谱，枉局乡先生录其行实，因吾族仞翁以求传于余，且语及其子孙之阀阅，皆其先人有以致之也。余曰："德修于身，功及于世，生而为英，死而为灵，正不特后嗣之昌炽，其书香为绵远也。"

典《礼》不云乎，有功德于民者祀之，先生直可以长祀而广祀耳。今即无传记，亦谁不知先生之为人也者且将垂诸国史，名满天下，泽被古今，以及于无穷，又岂独一人一乡之私传乎？传之特其发端也云耳。

《甲道张氏宗谱》中的《明儒医张半帖先生传》

皇清道光十有九年岁在己亥，蒲月谷旦，赐进士出身、吏部员外郎、前户部郎中、军机部行走、方略馆纂修、翰林院庶吉士、武英殿协修、加一级、加军功二级、后学俞诵芬顿首拜撰

（清道光《甲道张氏宗谱·卷五十八·新传·甲道西派》）

诚信业茶汪序昭

吴精通

汪序昭（1849—1930），名鸣球，字序昭，号薇垣，婺源江湾镇大畈村人，清末婺源著名茶商，他热心公益，深受村民敬仰。大畈村中现存汪序昭故居，房子不大，装饰简洁，完全不像是一位巨商的宅第，这从一个侧面印证了汪序昭克己节俭的品格。

在明清茶叶生产鼎盛时期，大畈村几乎家家都有茶园，多者年产茶四五担（每担约50千克），最少的也可收茶几十斤（1斤合0.5千克），贩茶成为大畈村人的主要经济来源。清末，汪序昭创办的"陆香森"茶号就在这股浪潮中涌现出来，逐渐声名显赫。"陆香森"茶号以诚信经营、质量优良驰名海外，汪序昭也因此成为名震一方的茶商巨头。

汪序昭生于道光二十九

汪序昭像

年（1849）九月，祖父汪兆新以孝道闻名一时，父亲汪凤翔早逝，家道清贫，汪序昭自小就备尝生活的艰辛，成年后，得外祖赵衔书资助，经营烟业（加工销售一种土产黄烟）。汪序昭一心想通过创业改变贫穷的现状，他夙兴夜寐，艰苦备尝，努力经营，颇有获利，家境渐丰。光绪年间，国际市场茶叶行情看好，中国茶叶出口经营利润较高，汪序昭利用经营烟业积累下来的资本，投资创办"陆香森"茶号。

"茶叶两头尖，三年两年要发癫。"这说的是茶叶销售市场常常会出现变化莫测的情形。清末，国际茶叶市场因洋茶产量增加，中国茶叶直销受挫，有些洋商经营茶叶不讲诚信，将劣质洋茶掺入中国茶叶销售，以次充好，降低了茶叶的品质，影响了中国茶商的信誉，导致中国茶叶销路不畅，茶叶生产逐渐衰落。当时，汪序昭经营的"陆香森"茶号也受到不小的冲击。

为了树立诚信经营的品牌，保障自己的"陆香森"茶号不受掺假的影响，并防止洋商制假售假，汪序昭专制了"陆香森"茶号商标，并于1917年改印为中英文合璧的双狮图案，以便中外消费者辨认。这比民国十二年（1923）颁布的《商标法》早了整整6年。汪序昭的"陆香森"双狮商标为正方形白底褐饰绿字，褐饰边框四角有"陆香森号"四字，上为茶号双旗双狮地球图案，下为英文商标名称。广告词为中英文对照，右边的中文内容："本号设在中国安徽省婺源大畈地方，专办高庄绿茶，精制珍眉贡熙，行销欧美及俄罗斯各国，历有年所。久承彼帮人士所欢迎，皆由本主人悉心研究，精益求精。制出之品，颜色碧而天然，口味香而浓腻，水叶清而润厚，以此三者尤为本号之特色，与别家所制迥不相同。近有假冒本号招牌，以伪乱真，本主人名誉至重，故于西历一千九百十七年，改印华洋文合璧双狮国旗商标，庶贵商赐顾者有以辨识焉。陆香森主人识。"这份茶号广告词不足200字，却将其茶号商标、开设地点、经销的品种和特色等都一一列出，彰显了"陆香森"茶号诚信经营的宗旨，起到了非常好的市场宣传效果，"陆香森"茶号成为放心品牌，名震一时，扬名中外。

汪序昭专制茶号商标的策略获得了很好的效应，在当时茶叶滞销、生产萎缩的形势下，"陆香森"茶号却能一枝独秀，生意兴隆，产品行销海外各国，洋商需要预付货款来定货、购茶，汪序昭也因此成为富甲一方的茶业巨商。时人称赞："揣摩陆羽已精详，信用昭彰海内外。"

汪序昭经30年勤恳经商致富之后，却一直自奉淡泊，克勤克俭，居则布衣蔬食，出则安步当车。唯于公益事业慷慨解囊，毫不吝啬，其诸多善举为世人留下了一个热心公益的茶商身影。

清光绪三十四年（1908），大畈村遭受特大洪灾，田园沟渠被毁，道路崩塌，损失惨重。在危难之际，汪序昭挺身而出，急公好义，个人出资修复水毁工程，修碣圳以灌田禾，架桥梁以通行旅。大畈村旧时受资金所限，村中干道以河中卵石甃成，路面凹凸不平，路人行走不便，拉车通行费力。当时外人笑称"大畈路不平"。汪序昭为改善大畈村交通条件，决定个人出资，雇工以平石板易之。这是一项造福后世的巨大工程，历经数年才告完成。村中百姓相传，大畈村四周通往邻村的石板路均为汪序昭出资修筑。

大畈村中汪氏越国公祠为纪念唐朝越国公汪华而建，咸丰年间毁于兵乱，而无力重建。汪序昭念及先祖汪华为保徽州一方安宁做出的巨大贡献，祖德宗功不容淹没，与族人商议后，决定个人出资重修越国公祠。他不仅出资，还亲自早晚督工，确保工程质量。越国公祠历经4年告成，族人感其恩德。后来，他又陆续出资修缮巽山寺、钟灵庵等庙宇。他念及凶荒水旱之年，民食缺乏，仿朱子社仓，设立义仓，以救青黄不接之患。遇岁收歉薄，平粜不敷，则拿出自己粮仓的库存，补充义仓的不足。大畈村义仓的设立有效帮助了荒年贫苦人家度过饥荒。民国十四年（1925），赣督易人，乐平驻重兵，粮源断绝，会常德盛军入境，人心恐慌，士绅筹备救荒，办米平粜，急需钱粮。关键时刻汪序昭捐出巨款，以成其事。江眉仲先生创办紫阳中学，经费紧张，汪序昭又捐资予以帮助。其热心家乡教育的善举，得到了当时地方政府的表扬，嘉其热心教育，奖予二等嘉祥章。汪序昭看到村中小学失办，一些适龄儿童无法上学，内心十分焦虑，乃决定创办族立小学，并负担常年经费。

大畈村地处通衢，为入浙要道，时值民初，局势动荡，每年都有军队过境，汪序昭出钱出力，竭力维持，以免蹂躏，任劳任费，终无怨言。他曾对族人说："我祖越国公力能保障六州，我顾不能保一族耶！"其公心可见一斑。

汪序昭宅心仁厚，族人中穷而无告者，饥则给之米，寒则与之衣，病则施之药，死则具棺葬之，面无难色；或孤冢垒垒，骷髅暴露，必复葬之。汪序昭的岳父俞佩文公无子嗣，其后事皆由汪序昭一一躬亲，与事父母没有区别，并为之置办祀田，还遗命子孙岁时祭扫，族人都纷纷称赞。

汪序昭为人宽厚，洞悉人情困苦，对贫苦人家关照有加，每收租谷，必用祖传量斗，与普通量斗较之，少了百分之六，为了让利于佃户，他嘱咐子孙等今后一直使用祖传量斗，勿失。他告诫儿孙："唯患租之不多，不患秤之太小，苟能阴恤田户，世业或可长保。"村里人家有纠纷争讼，汪序昭必极力调停，息事宁人，不惜唇舌，其义行享誉四方。

晚年，汪序昭皈依佛法，朝夕修持，寒暑无间，同时仍然热心公益。民国十八年（1929），汪序昭病魔缠扰，身体虚弱，虽延医诊治，而药石无灵，民国十九年（1930）六月十四日丑时，竟含笑而逝，享寿82岁。

汪序昭的善行义举，也得到官方的认可，其事迹载入县志史册，名垂千古。民国《婺源县志》记载："汪鸣球，字序昭，大畈人，少贫，营商业家渐裕，凡公益事，热心佽助，尝捐银七百两，独力修葺祠宇，族人重之。"

链接

汪序昭先生传赞

益源宗人究心禅悦著《戒杀生》篇，汪序昭先生为之刊印行世。然则，先生固仁厚君子也。

方今杀气满天下，民命不恤，而何有于物有心世道者？是以提倡佛学，为天壤间留一线生机，诚欲劝一人以至千万人，以至天下人皆从吾说，而后乃大快。然则，先生固仁厚君子也。

《清国学生汪序昭先生传赞》

先生讳鸣球，号薇垣，序昭其字也，世居婺源东乡大畈村。先生幼食贫，然勇于任事，不辞劳瘁，为亲长器重，助资设烟肆，营业发达，祖兆新公以孝行闻于乡里，特构一室，岁时奉祭祀，颜曰"永锡堂"，一以崇先德，一以示后昆。中年业茶，信用渐大著，西人有预付价银定货之事，由是家业隆起。而先生布衣蔬食如故，惟于公益事，则慷慨乐输。光绪戊申，大畈蛟水为患，田屋桥路毁坏过半。先生出巨资修复，历数载始竣工；又创捐义仓，以为凶荒水旱之备；又重建始祖越国公祠及近村各神庙；又婺邑倡办紫阳中学，先生捐资独多，许省长嘉其热心教育，奖二等嘉祥章；又倡兴族学，担任常年经费；又近岁兵匪过境，全赖先生维持；三村间，寒者衣之，饥者食之，舍药、施棺、掩埋诸善举尤不遗余力。岳家乏嗣，先生经理丧葬，并置祀田。每岁收租谷，必用祖遗之权衡，较普通者差百分之六。曰："但愿子孙永保产业，不计此区区也。"为乡人排解纷难，任劳怨不恤，或至赔钱息事。凡此皆仁心之所发。晚年嗜佛学，晨夕修持，而行善益力。凡佛书之劝人为善，戒杀放生者，皆输资刊印流播。然则，先生固仁厚君子也。

先生清太学生，娶俞孺人，有贤德，子五：长洪瑞，次洪祥，四洪祯，五洪禄，均随先生营商业；三洪福，法政大学毕业；孙眼见者九人，或儒或商，皆英英露爽；曾孙三，均幼。先生生于道光己酉九月十七日子时,殁于民国庚午六月十四日丑时,享寿八十二岁。赞曰:"先生以不忍为心,体义而行仁,利泽及人,宜享高寿,而名勒乎贞珉!"

清赐进士出身,诰授荣禄大夫,召试经济特科,昭举硕学通儒,赏戴花翎二品顶戴一品封典,奏委江西调查道,奏充宪政馆谘议官,特简江西全省审判厅厅丞,同邑鳌溪世愚弟江峰青顿首拜撰

(《汪序昭先生西归录·传赞》)

芙蓉岭上还珠宝

吴精通

在婺源县城的西南有座名山文公山,在唐代因这座山四周的山峦似形一朵芙蓉花,而被称为"九老芙蓉尖"。山上有一条芙蓉岭,贯穿南北,是婺源通往德兴的要道。南宋淳熙三年(1176)春,理学大师朱熹回故里省亲,来此山祭扫祖墓,并在祖墓周围栽种了24棵杉树。为了追思圣贤,婺源官府将"九老芙蓉尖"改称"文公山",将"芙蓉岭"改称"文公岭"。据《婺源县志》记载,唐代这道山岭之上曾发生"芙蓉岭上还珠宝"的动人故事。而丹阳乡又被称为"还珠里",此名的由来,就与这个故事有关。

唐代,婺源太白镇曹门村有位名叫汪源的老者,在村子里开了家小客栈,为过往的旅客歇脚,赚点小钱,维持生计。一个夏日傍晚,有个商人带着一个挑夫挑了一担货入住他的客栈。夜深人静时,这个商人拎着一个包袱找到汪源,说包袱里有贵重物品怕丢失,请汪源代为保管。因客栈人杂,贵重物品寄存是常有的事。汪源随口就答应,并开具了寄存条,将包袱锁进柜子存放好,商人连声称谢。

这个商人为何入住时不寄存物品,而要在夜深人静时来寄存呢?原来,这个商人从广东一带进了一批货,途经婺源赶往京城,想要销售谋利。在这批货中夹带了一些珠宝,想通过走私发笔横财。这些珠宝就藏在一个箱子里,一路上不时小心察看,不料却被雇请的挑夫发现了这一秘密。这个挑夫可不是省油的灯,想趁机敲一笔钱,便以夏日炎热、路途辛苦为由,要求商人增加工钱,而被商人一口回绝:"工钱原先就谈好了的,你也答应了,现在半路起价,没这个道理。"这个挑夫见商人不肯加钱,内心十分不满,但工钱是自己之前答应的,又不好说什么。

途中,在一个路亭休息时,商人小解回来,无意中听到挑夫在和亭中休息的其他挑夫发牢骚,说:"这个老板十分小气,还私贩珠

文公岭道

宝，逃避官税，等路过县衙时，我要到县令面前去告他。"商人装作没听到，默不做声。

当晚，商人入住汪源的客栈后，深夜躺在床上回想起挑夫白天说的话，不禁有些害怕，一旦被挑夫告到县衙，查实后，不仅珠宝全失，还有牢狱之灾，不可不防啊！思来想去，商人心生一计，决定连夜将箱子里的珠宝全部取出，用包袱包好，秘密寄存在汪源的客栈，待到下一站时，另请一位挑夫，再重新回头来取，以防不测。

第二天，天刚拂晓，商人就把挑夫叫起来赶路。到了婺源县城，路过县衙时，果不其然，这个挑夫放下担子，跑进县衙告状去了。这个商人见这个挑夫进了县衙，就知道是去举报自己，暗自庆幸自己留了一手。但仔细一想，身上还有张客栈的寄存条，一旦搜出，事情仍会败露。他赶紧拿出寄存条，揉了揉吞下肚去。

县令接到挑夫举报，立马派出衙役将商人、挑夫及货物带上堂，当面对质。挑夫说："大人，这个奸商私贩珠宝，逃避官税，应受重罚，珠宝就藏在小箱子里。"商人赶紧申辩："小人是正经生意人，不敢做违法的事。说小人私贩珠宝，纯属诬告陷害，请大人明察。"说着，赶紧打开小箱子，让衙役检查。衙役一看，箱子里面空空如也，并没有什么珠宝。这挑夫一看，顿时傻了眼，说："珠宝肯定被他藏起来了。"商人一脸无辜地说："大人，我愿意接受全面检查，以证明自己的清白。"县令命衙役将商人的货物逐一打开检查，接着又搜了商人的身，均一无所获，半颗珠宝也没找到。

县令这才相信了商人的清白，放了商人，怒斥挑夫："大胆刁民，诬告好人，该当妄言之责。"将挑夫一顿棍棒之后，赶出了县衙。

商人走出县衙，不值钱的货物也不要了，只带上盘缠，一心想赶快离开这是非之地。起初还想回头到曹门村的客栈拿回珠宝，但转念一想，自己把寄存条给吃了，无凭无据，人家也不会给，再加上如果挑夫回过神来也不好对付，还是破财消灾，跑路要紧，于是急匆匆回头奔芙蓉岭而去。

曹门村的汪源，早上起来后，就等着商人来取寄存的包袱，左等右等不见人来取，吩咐人去察看，回报说商人和挑夫天不亮就动身走了。汪源一想，可能是这个粗心的商人忘了，他从柜子中取出包袱，打开一看，是一包珠宝，心想商人遗忘了这么贵重的物品，一定非常着急，做人要以诚信为本，自己也不能占人家的便宜。吃过早饭后，他决定带上包袱亲自去追商人，将珠宝还给人家。汪源回想起昨晚商人说是去往婺源，于是立即往婺源县城方向追去。

且说，商人出了县城后，一面急匆匆赶路，一面唉声叹气，念叨着："真倒霉，真倒霉。"他来到芙蓉岭，只见前面不远处松树的树荫下，坐着一位老人。商人走近一看，不禁大吃一惊，这不是客栈的老板吗！这时，树荫下的汪源也认出了商人，笑着说："我在这里等你有一会了，你落在我店里的东西，我给你送来了。"说着，拿出包袱，递给商人。商人打开包袱一看，珠宝一件不少，大喜过望，连声道谢："这大热天的，还麻烦老人家亲自送来，太过意不去了。"执意要将珠宝分一半给汪源，作为酬谢。汪源说："我要是贪财，就不会大老远地给你送来了。"他拒绝回报，悉数归还。商人十分感动，叩头拜谢，告别而去。汪源则如释重负，原路返回。

《婺源县志》中的《还珠里》

汪源回到客栈，只见昨晚和商人一起住店的挑夫等在那里。原来，这个挑夫举报不成，还蒙受诬告之冤，反挨了一顿板子，心里觉得十分憋屈。心想，真是见鬼了，明明自己亲眼见过的珠宝，怎么就不见了呢？肯定是商人做了手脚，但一路上担子是自己挑着的，没有动手脚的可能。再仔细一想，只有晚上住店时，货担放在商人的房间，珠宝可能被商人隐匿在客栈了。于是决定回到住过的客栈一问究竟，还自己清白。汪源听了挑夫的诉说，就将昨晚商人寄存珠宝及自己追到芙蓉岭归还珠宝的情况，一五一十地说了。挑夫听了，大呼商人狡诈，同时，恳请汪源和自己一起到县衙去说明情况，帮自己洗刷不白之冤。

次日，汪源和挑夫一起来到县衙，向县令讲明了整个事件前前后后的经过，还挑夫以清白。县令深为汪源见利而不忘义的诚信之举感动，将"还珠"一事向上禀报。后来，官府为表彰汪源的诚信之举，将他所居住的里改称为"还珠里"。

链接

还 珠 里

县丹阳乡，其里名"还珠"。原有广商贩珠，道邑入京，在途雇担夫，有恨于商，期至邑，讦以瞒税而语泄。商才泊里中店，即以珠密寄于逆旅主翁。担夫抵邑诉于官，官遣吏搜，逮无粒珠，担夫受妄言之罪。商自计："仓卒寄托无左验，况尝讼有司，彼讵肯偿我耶？"悒悒从芙蓉五岭以去。方至岭厄间，逆旅翁已憩松阴之下。商惊喜扣之，翁曰："吾携若所寄，在此封识俱好。"商喜溢望外曰："吾与若中分之。"翁曰："我利此顾不可奄有耶。"尽举以还之。有司闻其事，义之，因旌其里曰"还珠里"。考逆旅翁即道安长子汪源，谥愿。

(民国《婺源县志·卷七十·杂志三·佚事》)

汪恺断案信为本

吴精通

汪恺（1070—1142），字伯疆，婺源清华镇浮溪村人。弱冠入太学为诸生，颇擅文章。北宋绍圣四年（1097）登进士第，任太平知县。当时，有五米道徒以妖术惑众，不顺从者，就群起而攻之，置人于死地，引起当地百姓的恐慌。汪恺到任后，当地民众纷纷向他反映五米道徒的恶行。汪恺不动声色，带领衙役深入乡间，微服私访。在掌握了五米道徒的确凿证据之后，汪恺为民做主，严明法令，捉拿五米道首要分子，绳之以法，为民除害，赢得当地百姓的赞扬。后来，他升任饶州通判。

当时，饶州当地有一个叫郝升的酒家老板，行伍出身，怙勇挟奸，为人狂妄。自恃财大气粗，经常口出狂言，议论州府施政，说长道短，搬弄是非。甚至在公开场合，说郡守治州无能。饶州郡守听闻后，非常生气，放话说："这个刁民目无法纪，早晚要将他绳之以法。"但郝升只是口无遮拦，并无过犯，郡守一直找不到治他罪的把柄，也拿他没办法，只是恨在心里，欲除之而后快。

有一天，一伙叛盗侵入邻郡，烧杀抢掠，消息传来，整个饶州城人心惶惶，举城皆奔，争相躲避。这时，郝升的儿子也佩剑出城，打探消息，因其持有凶器，被守卡的官兵扣押盘查，并报于郡守。

郡守得知郝升之子携剑出城被扣，喜出望外，心想机会来了，即诬其持凶出城接应叛盗，图谋造反，其父郝升应为主谋。以此为由，将郝升父子收监入狱，以谋反治罪，即将处斩。

汪恺到任饶州通判之后，此案交由汪恺审理，郝升父子连喊冤枉，郝升辩称："小人经营酒家，家道殷实，何来造反之心？不孝之子只是佩剑自卫，并无不法作为，望大人明察！"

汪恺为人以信义为本，断案一贯讲求实事求是，以事实为根据，不冤枉当事人。听了郝升的诉说，汪恺认真查看了案卷，也感到事实不清，他决定暂缓执行，立案重审。人命关天，要慎之又慎，汪恺决定亲自察访案情。他深入现场调查，走访当事人，一一了解案发时的真实情况。经过一番察访，他了解到郝升之子只是佩剑出城，并没有做出不轨的行为，而仅以随身佩剑就认定为谋叛，处以极刑，实为不妥。于是，汪恺据实向郡守报告，说："在形势紧急的情况下，随身携带刀剑，用以自卫，是大多数人的正常举动，难道携带刀剑的人都要抓来杀了吗？"而郡守见汪恺不同意郝升父子的死刑判决，也非常不满，讲述了郝升平日间的种种劣行，认为郝升父子一贯反对官府，谋反之心路人皆知。

汪恺坚持认为郝升一案，死罪证据不足，坚决不同意将郝升父子判处死刑，僵持了数日，迫于汪恺坚决的态度，郡守不得不同意免除郝升父子刑罚。由于汪恺信义为本，秉公断案，决不徇私枉法，及时避免了一起冤案的发生，挽救了两条人命，郝升父子感激涕零。

《婺源县志》中所记汪恺事迹

汪恺的据实守义、刚直不阿，引起郡守的强烈不满，汪恺被调离饶州，任岳州禄事参军。到任岳州后，汪恺本着诚信负责的态度，对收押狱中死囚的案情，一一进行核实，最终查明有100多个死囚的判决属于审判不当，坚持予以改判。郡守怒之，汪恺不为所屈，移知抚州。

当时，抚州有一州民与邻村一户人家订下婚约，将自己的宝贝女儿许配给其子。后来，这户人家家境败落，其子又不务正业，游手好闲，这位州民心想自己的女儿嫁过去肯定会吃苦受累，心有悔意。看着长大的女儿，不免越发担心起来，后悔当初不该早早订下这门婚事。其妻也心中怨恨，经常责怪他当初草率，误了女儿终身。要求丈夫想方设法退了这门婚事。

这位州民心生一计，想了个自以为高明的退婚之策。一天，这位州民来到州府，向汪恺诉求说，他的女儿半年前为乱兵所杀，请官府判决解除其女早年的婚约。

不料汪恺却脸色一变，大声斥责道："大胆刁民，敢来撒谎骗我。"令左右将此人收监入狱。当时，左右僚属都大吃一惊，不知其因，纷纷询问汪恺事由。汪恺却笑着说："如果他女儿真的死了，婚约自然解除，何必特地跑来告知州府呢？肯定是他家不满未来的女婿，故意撒谎，想让我判他解除婚约。"

汪恺当即令府中衙役去这位州民家中报信，说已将州民下狱，命其女来府堂对质。第二天，其女果然来到府堂。汪恺将这对父女教育了一番，念州民爱女心切，事出有因，放其归家。众僚属皆感叹汪恺断案料事如神。后来，汪恺起知全州，为任一方，诚信无欺，为政公道正义，深受百姓爱戴。

链接

汪　恺

汪恺，字伯疆，徽州婺源人。弱冠入太学为诸生，有能文声。

绍圣四年，解褐调常州晋陵县主簿。累除添差通判饶州。饶有酒官郝升者，出军伍，怙勇挟奸，持郡短长。郡守不能制，而深怨之。会盗侵旁郡，举城皆奔。升之子亦佩剑出城，为关吏所录。守即诬以叛，并其父械于狱，将斩之。恺曰："急遽时以刀剑自卫，人情也，可尽诛乎？"持之数日，升与其子皆免。除知常州。汉阳军吉州，未行，移知处州，未几复移抚州。抚州民许以女归其邻久矣，既而悔之。一日白官："女死于兵半年，请署为异日之信。"恺立械其人于狱，僚属愕然，恺笑曰："女诚死，不白官也。必女家不良其夫，欲盗吾判耳。"请为诸君致其女。明日，而女果出，人以为神。历知袁州、江州，主管台州崇道观，起知全州，卒。

(清陆心源《宋史翼·卷二十·循吏三》)

信义立身不亏心

吴精通

江一麟（1520—1580），字仲文，号新源，婺源江湾镇江湾村人。明代爱国名臣，出生寒苦，发奋苦读，明嘉靖三十二年（1553）考中进士，历官知州、知府、布政使司参政、户部侍郎、右都御史等，官至正二品。为官27年，每赴一任都忠于职守，既深受百姓爱戴，也深得朝廷重用。隆庆元年（1567），朝廷考察官员政绩，江一麟在广平府任上被评为第一。清代龚炜所著《巢林笔谈》记载有一则"江一麟夫妇相规"的故事，可以看出江一麟是如何以诚信立身的。

这事发生在万历四年（1576），当时江一麟任南赣巡抚，由于治理有方，清正廉洁，深受百姓爱戴。次年十二月，升户部右侍郎兼佥都御史赴任淮安，督办漕运。由于路途遥远，在北上赴任前，出于安全考虑，江一麟决定将有些破旧的官船整修一下。按理说官船的整修可以由公家出钱，但江一麟严于律己，自己拿出10两俸银，请当地的百姓赵锷修船。

过了些天，赵锷来报："船已修好，请大人过目。"江一麟随赵锷登船察看，果然整条官船已修缮一新，江一麟十分满意。而此时江一麟最关心的事，却是修船的费用10两银子是否够用。他立即问赵锷："这次修船总共花了多少银子？10两银子够不够？不够的话，我再补上。"赵锷感于江一麟为官清正廉洁，不愿他多花费，便隐瞒道："回大人，总共花了10两银子，钱已足够。"江一麟再三追问，赵锷仍一口咬定只花了10两银子。江一麟只好作罢。

江一麟做人一向以诚信为本，回到家中，仔细回想，觉得从船的修理程度看，恐怕10两银子不够。为了不占老百姓的便宜，江一麟决定亲自核实一下修船费用。第二天一大早，江一麟微服私访，花了几天的时间，逐个寻找参与修船的各色工匠，逐一逐项核实修船费用，最终核算出实际上花了20两银子。

江一麟故居正堂

于是他又把赵锷找来家中，当面和他说了核实修船费用的经过，批评他不说实话。赵锷十分感动，只得承认实际费用。江一麟随即拿出俸银6两，再加上扇子30把、墨2斤，折算成银子有4两多，补足修船的费用。赵锷感动地说："大人为官清廉，造福一方百姓，小人为大人做点事，也是应当的。"一再坚持不肯收，但江一麟再三坚持，态度坚决，赵锷只得答应收下。

江一麟的妻子在后堂听到江一麟和赵锷在相互推让，也知道了修船费用一事，但她觉得拿东西抵工钱有些不妥，就走到前堂，对江一麟说："既然已经知道修船的费用还差10两银子，那就应当如数补上银子，怎能用扇、墨折算呢？不如将这些扇、墨当作礼物送给他，表示我们的一点谢意。"江一麟一想，妻子说的话十分在理，不禁脸红，连声说："夫人说得极是。"赶紧又补上了4两银子，而赵锷更加推让，怎么都不愿意收下这4两银子。

最后，江一麟只好沉下脸来，生气地说："你不收下，就是陷我于不信不义，让我的为人还不如一妇人啊！"听江一麟这么一说，赵锷只好含泪收下，感慨地说："大人真是世上少有的清廉之人啊！"

清代学者龚炜在听说了这一故事后，对此非常感慨，评价道："按理说江一麟拿出俸银，加上扇、墨，补上修船费用已足够，但他夫人仍认为不妥，而丈夫听从妻子规劝，犹以不如妇人为嫌。可见，他夫妇俩平日之善善相规，诚信做人，一心施德于民！"

明代左副都御史张玮曾经发出这样的感叹："为清官甚难，必妻子奴仆皆肯为清官，而后清官可为，不然则败其守矣。"俗话说做官要先做人，要成为一名清正廉洁的好官，必先做一个诚实守信的好人。江一麟夫妇诚信为人、严于律己的故事已成为历史上的一段佳话，给后来者以启发。

江一麟后来一直保持诚信为人、清正为官的作风，官至正二品，明万历八年（1580）六月初二病逝于治淮工地。病逝后，神宗感其为政之功，甚为痛惜，特派遣徽州知府高时到他的家乡江湾吊唁。江一麟信义立身的精神成就了他一代名臣的清廉名声。

链接

江一麟夫妇相规

明婺源江公一麟,以贤牧升部郎。将北行,取俸十两,令州民赵锷治船。及登舟,见修理整备,问所费,锷对如前数。不信,密查各色工匠费,实倍之。乃取银六两,扇三十柄,墨二斤,计直四两余者偿之。锷固却,以公坚持乃受。其夫人素贤,谓公曰:"既知十两,即当如数偿之,而别以扇墨酬其劳可也,何靳此?"公面发赤,亟以四两补之,锷益不敢受。公怒曰:"乃使我不如一妇人耶?"予以公之偿锷已足,夫人犹以为歉,公以夫人之语,而犹以不如妇人为嫌。其平日之善善相规,施德于民者何尽哉!

(清龚炜《巢林笔谈·卷二》)

言出必行开新岭

吴精通

在婺源江湾镇江湾村的北侧有一段古驿道称"谭公岭",与对镜岭、羊斗岭、塔岭、新岭合称"五岭"。清代王廷桂在《过五岭》中写道:"曲折逶迤上复上,行人如蚁旋来往。"可见当年的谭公岭人声喧哗,十分热闹,是婺源通往徽州府的重要驿道。

旧时崇山峻岭的婺源交通十分不便,正如北宋黄庭坚在《砚山行》中所写:"新安出城二百里,走峰奔峦如斗蚁。陆不通车水不舟,步步穿云到龙尾。"据史料记载,婺源出产的茶叶等土特产都要取道五岭运至屯溪,而后经新安江、钱塘江,北上上海、南下广东,或经运河北上,销往各地。

谭公岭原名金竺岭,位于芙蓉岭的西侧,地势较芙蓉岭低。原来只有一条羊肠小道,难以通行,来往徽州的行人只能翻越芙蓉岭。而芙蓉岭要比金竺岭高得多,且更加险峻。元代诗人方回称:"平生所闻芙蓉岭,上如攀天下入井。"其险峻可见一斑,那些负重前行的挑夫过芙蓉岭更是苦不堪言。

明万历三十二年(1604),浙江嘉兴的谭昌言从江苏常熟县令卸任,赴婺源任县令,从休宁翻越五岭入婺源境。在平原一带生活的谭昌言,没见过如此险峻的崇山峻岭。他翻越一岭又一岭,只见一山更比一山高,一路感叹行路之难。途中,谭昌言看到那些肩挑货物、一步步艰难前行的挑夫,不仅更加感叹唏嘘。

谭公岭古驿道一景

　　谭昌言路过芙蓉岭时更是体验了行路艰险，下得山来，到达江湾村休息。其间，与当地乡贤江起潜、江旭奇闲谈时，他好奇地问："去往休宁除了翻越芙蓉岭就别无他路吗？"这些人告诉他："那倒不是，还有一条路就是金竺岭，只是那里没有驿道，都是羊肠小道，难以行走。金竺岭比芙蓉岭要矮许多，地势也稍缓，且还可近不少路，要是能把这金竺岭的驿道修起来，我们大家都情愿捐钱出力。"江旭奇恳切地说："修建金竺岭的驿道是我们江湾村一带老百姓多年的心愿，只是工程浩大，无人牵头，搁置至今。"听了大家的发言，谭昌言沉思片刻，说道："为官一任就要为百姓做主，我今到任，一定把修建驿道一事放在心上，圆父老乡亲的一个心愿。"江起潜闻听此言，激动地说："谭公在上，受小生一拜，若开此岭驿道，小生愿服其劳。"谭昌言见大家如此恳切，站起身子，坚定地说："一言为定，大家共襄盛举，筑好此岭驿道。"

《婺源县志》中所记谭昌言事迹

到任县令后，谭昌言对五岭行路之难念念不忘，决心排除万难，兑现许下的诺言。不久就带着衙役深入金竺岭实地察看，果然如乡贤所言，过金竺岭走的路只相当于从芙蓉岭山腰而过，更加便捷，这更坚定了谭昌言开凿金竺岭驿道的决心。

谭昌言首先捐出俸银，倡导捐资兴建金竺岭驿道。当地百姓、商人听说新任县令大人带头捐资兴建金竺岭驿道，纷纷奔走相告，积极响应，有钱的出钱，有力的出力，捐款捐物，投工投劳。谭昌言规划线路、调集工匠、开山伐石，当年就动工兴建。历经一年多，金竺岭驿道终于修成，驿道2米多宽，全部由青石铺就，沿途设有凉亭。驿道修成之后，谭昌言带领江起潜、江旭奇、程克光等地方乡贤，视察新开凿的驿道，沿路行人纷纷拜谢谭公言而有信，造福一方。谭昌言也感慨万千，直言："人心齐泰山移，今日开凿驿道，应该告谢众人的慷慨相助。"

从此，婺源过往休宁、屯溪再也不用攀登险峻的芙蓉岭。难能可贵的是，整个金竺岭驿道的开凿工程，谭昌言没有向全县百姓摊派劳役。后来，当地百姓感于谭昌言凿岭之功、惠民之政，将"金竺岭"称为"谭公岭"，永世不忘其为政之德。从此，谭公岭成为五岭中的新成员，成为婺源东部通往徽州府的首选通衢。

清康熙三十二年（1693），婺源知县祖良桢感于谭昌言的惠政，为谭公岭赋诗一首：

> 锦簇花攒数十重，奇峰面面削芙蓉。
> 朝暾散尽中霄雾，冷谷流来五夜钟。
> 绝顶定通斜汉水，深山应有六朝松。
> 行人俱食谭公德，回首苍烟石堃封。

谭昌言成就了谭公岭，谭公岭也成就了谭昌言。谭昌言为官一任，言出必行，真心实意为老百姓办了实事，老百姓也世世代代不忘谭昌言的政德。

链接

谭侯开金竺岭记

《周礼》：宿息井树，以除道路，一野庐氏事。及读《诗》至"谭大夫之章"，乃信如砥如矢，斯周道哉。我则唱驺命驾，何险不夷。坐视舟车，謷互不叙。狠云溱洧小惠，此蔑周行，而以崄巇为贯利也。

婺堡万山，巇如城郭，东通一线，跨芙蓉，逾对镜，司郡门户。顾悬壁千仞，鸟道纡回，攀萝而升，既虞前蹶，扶曳而下，又虞后踬。尤苦者刀布盐米之辈，背为舟、局为车，虽葛屦履霜，汗淫淫下。群然旅进，则呻吟吁嗟声彻如轰。猝有不时不物之戒，闻人足音跫然喜已，此谭大夫所为。哀我惮人也，哀之而不求间道避之，虑始难耳。

万历甲辰，婺谭侯陟斯岭，揽辔太息久之，政和俗格。于时，程兵马克光，文学江生起潜、旭奇，言壁山而下，有坡金竺，面背俱坦，中格茨藜，相而荒度，一箦力哉。且瀑布飞泉，沥沥金声，修竹隆篁，旧有隐栖亩陌，夹拥衣物，时游无异聚橐。侯乃捐俸鸠工，凿山伐石，芜者辟之，窄者拓之。版插程量，由西而抵岭为丈五千，由岭而落东为武十百。广以五尺，车得方轨，役不及民。

既竣，巅创梵舍，购僧煮茗，以济渴旅。临虚有榭，可以凭俯；东西有亭，亭畔甘泉，可以浣漱。仍虑圮埵之不时以为，后梗画岭之半，南督七都，北界十都，守涂地之人，分修辟之。于是，君子履、小人视，咸曰："嘻！虽芙蓉天堑斗绝，奈我何哉！"昔发驹江湾、委蛇平、抵灵属、迄茗坦，计程二十；今从江湾，徙于观泉，自坞抵岭，会于故道，为里十二。邮递之征可以少蠲，即不蠲也，远迩霄壤矣，徒曰舍峻就平已乎。

余甥义学江生起潜，属予为记。客曰："莫仁于羊肠，莫不仁于康衢，车仆于平，劳民易治使，君何为？"予谓："不然。荡平正直，政之经也。"便民即为正直，咸便即为荡平。故不便则北山终南祇，为幸窦便，即周公之司南。非好径也，兹役也。经始之日，芙蓉故道倏尔颓崩，可以卜天。曩开朗山，西连回岭，又由霓源九湾而东，俱无成绩。今筚路蓝缕，以启林麓，而事半功倍，此山灵也，可以卜地。我未四号赴之如期，我未为招仆马，如云劳者方息，载歌且舞，可以卜人。盖谭大夫除民病，谭邑侯兴民利，总皆弛其负担，归于荡平正直。昔宋张咏之荐张希颜也，以驿传桥道完葺，倘有观风者过而问焉，知使君矣。

嗟乎！宦路畏途亦复如是，彼以险，我以易，彼以曲，我以直，毋狃跬步，毋驰蓁芜，九逵虽遥，始足下矣。使君礼为门，义为路，谦冲不伐，为谷为溪，所引婺人士迷途者，大抵皆金竺类也。志金竺，倘亦谭大夫伤周道祖武乎。

侯名昌言，字圣愈，号凡同，起家甲午解元、辛丑进士，浙之嘉兴人。

(民国《婺源县志·卷六十八·艺文四·序记五》)

言而有信代赎田

吴精通

旧时婺源县城的文公庙内建有报功祠,其内奉祭有一位婺源乡贤张敦颐,在当地还流传着一段张敦颐言而有信为朱子之父朱松赎还祖田的佳话。

朱松(1097—1143),字乔年,号韦斋,朱熹之父。幼承家教的朱松,从小就好文向道,时人称其"学道于西洛,学文于元祐"。他自小刻苦攻读儒家经典,特别喜欢诵读古人文章,常常学不知厌。受以欧阳修、曾巩为代表的元祐文学文道并重思想的影响,朱松视科举之文如儿童游戏,不足尽心,唯独喜诵古人文章,感觉气充理畅,玩味不尽,逐渐形成了自己的文学特色。尚在郡学时,其诗文之作就已出类拔萃,以至于远近传诵。民国《婺源县志》中收录其一首《游山房寺》:"寺藏两山腹,路转百步阴。登高试病脚,掬冷清烦襟。败壁觅石刻,岁月不可寻。唯应查公石,俯仰阅古今。屋因风拔柱,摧颓力难任。何当咄嗟办,嗣彼梵钟音。兴衰岂关吾,得酒且满斟。归路有溪月,揽之醒吾心。"

北宋政和八年(1118),朱松同上舍出身,授建州政和(今福建省南平市政和县)县尉。喜讯传来,朱松的父亲朱森喜忧参半,喜的是儿子终于考上了功名,可以成就一番事业了;忧的是自己和老伴年老体衰,儿子远赴他乡为官,家中无人照应。朱松也看出了父母的心思,一家人坐下来商量,最后决定,朱松带着一家人离开家乡,远赴建州政和上任,免得两头牵挂。朱森为支持儿子的事业,毅然同意远走他乡。但去往建州路途遥远，一家人的盘缠路费是笔不小的开支，当时朱家的主要财产就是100亩良田，为了前往他乡安家，只得将这百亩良田变卖，筹措路费。当年秋天，朱松带着家人远赴建州上任。

南宋建炎二年（1128），朱松调任尤溪县尉，仅任职7个月，便调离尤溪。建炎三年（1129）八月，摄泉州石井镇。建炎四年（1130）为避战乱，朱松买舟携眷迁入尤溪，寓居于郑氏草堂。九月十五日，朱熹在此降生。由于收入微薄，一家人过着清苦的生活。

当时尤溪归南剑州（今海南省定安县）管辖，南宋绍兴年间，婺源人张敦颐调任南剑州教授。张敦颐，字养正，婺源赋春镇游汀村人，生于北宋绍圣四年（1097），以太学举，南宋绍兴八年（1138）中黄公度榜进士，调为南剑州教授。张敦颐与朱松同年出生，性情相似，喜爱文学，时有来往。张敦颐性格细密，不妄嬉笑，潜心教育，要求学子读书务必悟透义理、学以致用，当地学风为之焕然一新。当他得知

《婺源县志》中所记张敦颐事迹

婺源同乡朱松寓居尤溪，便常在闲暇之时前往尤溪探望朱松，时常探讨国家时势，交流读书心得，相谈甚欢。他乡遇故知，两人结下深厚友谊。

张敦颐在南剑州任满归乡，临行专程赶往尤溪与朱松话别。交谈中，张敦颐见朱松寓居他乡，举目无亲，日子过得艰难，便邀朱松一起还乡。然而朱松一声叹息，说道："我举家来闽时，已将家中的百亩良田变卖，回去无法安身了。"得知此情，张敦颐安慰他道：

"田变卖了可以买回来，你如果一时困难，我可以出资帮你赎回。"朱松连连推辞："不可，不可。"

张敦颐沉思片刻，说道："要么这样，我回去便出资将你的祖田赎回，而后由我将田出租给他人耕种，用十年的租金收回买田的本钱，而后再将田地归还于你。这样，咱俩互不相欠，你看如何？"朱松连连摇头，说道："如此盛情，实在不敢领。虽说如今时局动荡，日子艰难，但待时局稳定下来，情况会有所好转，如今，小儿尚小，远行不便，我暂时还是以此为家。如果方便的话，还烦请归乡时向我的族人问好。"虽然朱松一再推辞，但是张敦颐下定决心，要帮助好友朱松赎回祖田，以便朱松将来告老还乡，叶落归根。

后来，张敦颐归乡，专程拜访了朱松的族人，查访了朱松祖田的下落。张敦颐言而有信，出资赎回了朱松的祖田，并写信告之远在他乡的好友，约定十年后将田归还。

遗憾的是朱松没有等到还田的那一天。由于朱松坚决不肯依附秦桧和议之策，联名上书反对议和，受到秦桧党羽的弹劾，被安上"心有情异，傲物自贤"的罪名，贬放到江西饶州任知州。朱松愤怒不已，不愿继续出仕为官，决意归隐田园。由于大志难展，朱松在建安城南的紫芝上坊修筑"环溪精舍"，授徒讲学。绍兴十三年（1143），内心抑郁不平的朱松病逝于建安环溪寓所，年仅47岁。

得知好友朱松病逝，张敦颐十分惋惜，致信朱熹表示哀悼，同时告之，自己替朱家赎回的祖田，十年租期已满，可以交还朱家，请朱熹回乡办理田亩交接。然而，当时朱熹年仅13岁，无力成行。

绍兴十八年（1148）三月，勤奋好学的朱熹中王佐榜第五甲第九十名，准敕赐同进士出身。得知好友之子得中进士，欣慰朱松后继有人，张敦颐再次写信给朱熹，一方面表示祝贺，一方面再次邀请朱熹还乡办理祖田交接手续。

绍兴十九年（1149）冬，朱熹以新科进士荣归故里，首次回婺源认亲扫墓。其间，应邀办理了祖田的交还手续，张敦颐如释重负，终于兑现了当初为好友赎回祖田的心愿。朱熹当面向张敦颐表示感谢，并将赎回之田交付婺源族人，其租金收入用于祖墓祭扫和修缮。众人得知张敦颐的义举，纷纷点头称赞。

后来，朱氏族人没有忘记张敦颐代赎祖田的功德，元代，婺源故里为纪念一代圣贤朱熹，建成"文公庙"。至正年间，文公庙的奉祀者文公五世孙朱勋，在文公庙侧建报功祠，将张敦颐像奉祀其中，以示朱氏子孙缅怀不忘。

链接

朱文公庙复田记

为治于郡国者，表先民于百世之上，所以正民心之趋向，而开其教思于无穷。善其父兄、君子之所为，所以讽其子弟、细民于易从也。敦礼节、尚名义、厉廉耻，以变其鄙薄，可得而书者，今于徽之婺源见之。

婺源，文公朱子父母之邦也。其先吏部在宋政和戊戌以上舍出身，调建州政和尉，丁艰服除，调剑之尤溪，历靖康、建炎，至四年庚戌，文公生焉。乱亡未定，涪湛筦库以自给，同郡张侯敦颐教授于剑，邀与还徽，而吏部之来闽，质其先业百亩以为资，归则无以食也。张侯请为赎之，计十年之入可以当其直，而后以田归朱氏。

癸亥，吏部没。张侯以书慰文公于丧，次而归田焉。既葬吏部于建之崇安，丁卯，公自建宁举进士；明年，登第授同安簿。绍兴庚午，省墓于婺源，以其租入充省扫祭祀之用。乾道己丑，丁母忧。淳熙丙申，归省故乡，松楸已伤于乡人矣，与乡子第讲学于汪氏之敬斋，修墓而去。

宋之将亡，徽、建阻于兵，族人藏其契券而窃售之，又见侵于富民，而某亩、某方，父老犹识朱氏故物之所在也。内附圣元将三十年，朱氏之学遍天下，而朱氏子孙志尚未足以复其旧。五世从孙光，诉于浙省闽宪者。又将三十年而后，两府以属婺源守臣、前进士干侯文传，始复其宅基于城南。请于朝，得旨立徽国文公庙于其地，则后至元乙亥三月八日也。而田则未归，无以为祭，光又以为言。同知州事茶陵李祁之来，亦进士也，核得田主名，召与之议，三分其田，偿其贾之二，归其田之一。约虽定，贾钱无所从出，其一亦未肯归也。歙士鲍鲁卿闻庙之成也，愿割私田以供祭，未果行而卒。其子元康见吏民之纷纷，思成父之志，于是卖其私田若干与材木之山，得为中统钞者一万五千缗，以赎旧田。三分其贾，得元直之二，其一则岁收其租而还之，满其数而止。既成约，而田归朱氏之庙矣。

今奉祀者，文公五世孙勋，谋诸守贰、父兄、邦人，请置张、鲍之祠于庙侧。张侯，字养正，卒官，知衡州；鲍文学，字景曾。而其田之亩数，与其租入之数，录其券之副，而刻诸碑阴云。

噫！孔子之居于鲁也，盖有宅焉！历战国、秦、项之暴，鲁人固相与护视之至，于西都世之平治久矣。诸侯王之世封鲁者殆欲坏之，而其堂壁固在也，神灵感之而止者岂有他哉？其余之心，有所未安也；其余之土田，周公、鲁公之土田也；其余之城郭，周公、鲁公之城郭也。

时代虽殊，为其守者为之主，宅之废兴则有任其责者矣。不然，东阡西陌，禾易长亩，风雨霜露之变，匪今斯今，何独于此惓惓乎？贤者之所存，固有系其没世不忘者。与张侯经营于文公父子之时，鲍君以私财复田于朱子五世。二百年之后，故乡之人孰无良心善性哉！

干、李二君可谓知为治之本者矣。传曰："君子学道则爱人，小人学道则易使也。"吾尚有观于徽之为邹鲁乎？为之来请记者，其郡人怀庆文学程文，余在奎章同馆生也。

        至正丁亥二月望，前奎章阁侍书学士、翰林侍讲学士、通奉大夫、知制诰、同修国史虞集记

        （民国《婺源县志·卷六十六·艺文四·序记三》）

一言九鼎建宗祠

吴精通

婺源北部的大鄣山乡黄村以黄氏宗祠经义堂扬名于世,这座宗祠建于清康熙年间,因内有104根柱子,而俗称为"百柱宗祠"。1982年,黄村黄氏宗祠经义堂作为我国古代民间建筑艺术珍品之一,其照片在法国巴黎举行的中国民俗展览上展出。经义堂规模宏大、构架独特,在建筑风格上既保留了明代建筑的特点,又开创了清代盛世时期徽派建筑的先河,体现了古代工匠的勤劳智慧和艺术创造力,被称为"明清过渡时期徽派典范的存世孤例",是古徽州宗祠建筑艺术瑰宝,2006年被国务院公布为第六批全国重点文物保护单位。

百柱宗祠门楼

国家文物局文献研究员王世襄，国家文物鉴定委员会委员杨伯达、史树清等专家，先后考察过百柱宗祠，称赞这座宗祠是"绝世无双的徽派古建筑典范"。百柱宗祠的享堂悬挂的"经义堂"匾额，为清康熙年间文华殿大学士张玉书所题。这座传奇的百柱宗祠及经义堂匾额背后蕴含着黄声翰"一言九鼎建宗祠"的诚信故事。

黄村是一个黄姓聚居的村落，靠山面水，环境优美。黄村始建于后周时期，据《新安黄氏宗谱》记载："黄德，字昱初，行六，居士，后唐长兴庚寅（930）生，后周广顺辛亥（951），自石门坳迁此建村。"后张、薛、吴姓等迁入合居。村名原称"潢川"，因村前横着一条自西向东的平缓溪流而得名。后乡人俗称"黄村"。黄村兴起于明末清初时期，随着徽商的崛起，村中涌现出一批木商、茶商，他们外出经商，积累了大量财富，回归故里大兴土木，兴修建筑，同时重视子孙教育，使得后代子孙人才辈出，促进了村落的发展，也使得黄村逐渐成为一个远近闻名的千烟村落。

随着黄氏宗族的繁衍壮大，宗祠的修建提上了黄氏族人的议事日程。然而，由于黄村人多地少，建设宗祠占地大、费用多，受财力物力的限制，虽经族人多次商议，却一直未能投建，遭到邻村人的嘲笑。一晃到了清代初年，族人又纷纷倡议建设宗祠，邻村人听说后，请人运来两个硕大的石磉，说是以此恭贺黄村人早日建成宗祠。这其实是在嘲笑和为难黄村人，因为硕大的石磉要配粗大的木柱，而木柱粗大就意味着祠堂必须布局宏大，造价高昂。

在外经商的黄声翰听说后，积极支持村人集资建宗祠，为圆黄氏族人多年的夙愿，他毅然捐出自己家位于村口的宅基地，用于建设宗祠。黄声翰的义举也感动了村里的族人，大家纷纷有钱出钱、有力出力、有物出物，举全村之力，黄氏宗祠终于破土动工。为了争一口气，黄氏宗祠格局、基脚、砖雕、石雕、木柱、梁枋、青石板等，均采用高标准，享堂前檐的一块青石板长6.5米、宽0.86米、厚0.25米，当年工程之浩大可见一斑。

由于黄氏宗祠规模宏大、用料水准高，工费大大超出了当初的预算。宗祠基脚、石板、梁柱等主体结构建好后，集资的钱款便已全部用完，无法支付工匠的工钱，无力续建下去。族人经过商量，决定暂时停工停建，待今后筹到钱后再行续建。为了防止木柱被雨水腐蚀，族人将每根柱头上都安放上一顶用竹子、箬叶编制成的"帽子"，以待将来续建。

话说，宗祠停工后，遣散的工匠翻越宗祠对面的龙池岭回家，登上岭头在亭中休息，大家叽叽喳喳地议论，有的说："黄村人心大，命不配，宗祠建得半途而废，要让邻村人笑话了。"有的说："这座宗祠建成这样，停建下来，真是太可惜了。"有的说："一旦停了下来，恐怕就不知哪一年才能续建了。"说者无心，听者有意。碰巧黄声翰一行人回家过年，刚好也在亭中休息，听到工匠们的话大吃一惊，想不到举全村之力兴建的宗祠已然停工，说起来也让邻村人嘲笑，于是，黄声翰暗下决心，就是耗尽家财也要将宗祠建成。

黄声翰向工匠们表明了身份，他说："我这次出去经商就是为了筹集建设宗祠的资金，如今资金有着落了，宗祠建设继续进行，大家过完年后，就回来接着干吧。"工匠们听了半信半疑，说道："此话当真？要真是如此就太好了，早日建成宗祠也是我们大家的心愿。"黄声翰坚定地说："我就是耗尽家财，也要力助宗祠早日建成，请大家放心，大家的工钱一月一结，绝不拖欠。"工匠们也为黄声翰的话所感动，纷纷握着黄声翰的手表示："一言为定！我们过完年就回来！"

黄声翰回到村里后，大家纷纷向他述说宗祠建设遇到的困难，黄声翰也把在龙池岭头与工匠们相遇的经过向族人们说了一番，承诺自己将捐资续建宗祠剩余工程，也希望大家同心同力，共同来完成这一盛举。族人们听了之后都欢欣鼓舞，纷纷表示一定尽心尽力，全力支持。在黄声翰的主持下，规模宏大的黄氏宗祠初步落成，轰动四乡八邻，人们都非常吃惊深山里能建成这气派的宗祠。望着宏大气派的宗祠终于建成，族人为黄声翰一言九鼎建宗祠的担当所折服，纷纷竖起大拇指称赞！

气派的宗祠也引起邻村人的妒忌，据说黄氏宗祠初建时，寝堂前拱门的台阶有九级，叫"九步金阶"。后来，邻村有人向官府告发，说黄村建"九步金阶"，有谋反意图。地方官员派人核查，黄声翰只好将拱门的台阶改成七级，并请自己的好友文华殿大学士张玉书题"经义堂"三字木匾,悬挂在享堂正中,这才免了大祸。

张玉书(1642—1711),字京江,号素存,谥号文贞,江苏丹徒(今镇江市)人。自幼刻苦读书,顺治十八年(1661)中进士,历任翰林院编修、国子监司业、侍讲学士,累官至文华殿大学士兼户部尚书。康熙五十年(1711)卒于热河,谥号文贞,人称"太平宰相"。这位一代名相,怎么会与黄村发生联系呢?但《新安黄氏宗谱》收录有一篇张玉书为黄声翰所撰的传记《同守忍庵黄公传》,证实张玉书与黄声翰的交情的确不一般。

当年黄声翰一言九鼎捐建宗祠的义举仍在黄村族人的口中世代传颂,宏伟精致的百柱宗祠和高悬的经义堂木匾就是这段故事的见证。

链接

同守忍庵黄公传

翁讳声翰,字宗维,号素庵,后改忍庵,婺北黄村人。其先出宋儒勉斋先生干之后,有讳湘者官秋官侍郎,始自闽迁婺,代有显人。历数十世而至翁父鸣岐公,行孚内外,晚称乡祭酒,声名在太邱、彦方之间,配胡太君举丈夫,子二,翁其仲也。侨居润州,同学相善,余一见心折之,曾考行谊而嘉叹之。厥后,命长嗣昌衍游余门,余幸备悉翁之为人,而得以约指其大端焉。

翁姿貌瑰伟,目光烁烁射人。始在髫龄即端坐若成人,及就传敏于读,强记雒诵倍常儿,搦管为文伸纸,千言滚滚不自休,师若友交,异之曰:"此科目中人也。"既长试有司,数不利。时伯兄余庵翁擅文,名夺帜场屋,炙手掇连鳌,同辈推为二难。翁乃喟然曰:"古人兄出则弟处,禄养善养亦各致其心耳。"归而悉具其心,力佐太公,采山渔水之利,未尝诿人弛己、选逸避劳,家业遂以益起。然居恒性嗜书,口吟手披,虽暑铄金、寒折胶亦不稍废,而翁从此深远矣。

翁为人笃孝爱，事太翁及太母，居致恭、养致乐、病致忧，而丧祭则又致哀，与诚终其身有余孺慕者也。事伯兄，行未尝先、坐未尝越，值其抱恙家居，则以仲氏代家，督服勤于外，又不自言劳言功，而群从及诸侄莫不以养兼教。常变其图忧乐交恤，翁之全同气不惟可愧豆萁，并亦无吊棠棣矣。

凤谱大谊，遇事敢为，输祠址、成宗祠，人文由是蔚起。时临家塾中诫族诸子弟以无坠文，肃先学无坫此紫阳宗传为谆谆，复著《勤善录》，惜字纸文，以乖法后裔者，规戒同人念祖修德，亦惟翁有焉。

《新安黄氏宗谱》中的《同守望忍庵黄公传》

居丰裕而好澹泊，布衣粝食以为家，众先有急难叩门，往往洗橐付之，弗责其偿也。舍润城西，见贫死无殓者，辄施之棺。槥见停榇中野，年久暴露，心悯之，特捐金市地为义冢，以收瘗之。其为育婴济贫义举甚多，道路口碑载之。然则翁不惟孝友，为政施于其家，而德泽沾溉乡邦，远近胥赖之。余题其居曰"孝义流芳"，庶可以信今而传后矣。

翁由太学考授州同知，配李氏，候封"安人"，子五：昌衍，太学生；昌修，辛酉科举人；昌仔，廪贡生；昌僎、昌侊并业儒。孙九人，曾孙二人。其蒇宫在婺邑之某山某原，其铭碣需诸启尊请达尊书之，余故不备载，而姑缀是传，为之嚆矢云。

年家眷侍生张玉书拜撰

（《新安黄氏宗谱·卷二·传》）

以身作则立诚信

吴精通

沱川余氏家族是婺源的名门望族,族人好读成风,崇尚"读朱子之书、服朱子之教、秉朱子之礼",人才辈出。余氏家族自明清以来出了许多主政一方的官员,这些官员大多秉承《朱子家训》,诚实守信,清正廉洁,留下许多佳话,其中余启元"以身作则立诚信,克己奉公廉生威"的故事为人称道。

余启元,沱川乡鄣村人,明万历二年(1574)中进士,知内黄县。万历三十年(1602)转迁户部郎,奉旨监兑豫章(今江西南昌)漕粮。豫章是江西漕粮运输大港,漕政事务繁杂,关系国家粮食安全,余启元以国计民生为念,严肃吏治,勤谨管理。他严肃告诫手下官员,要诚实守信,清正廉洁,不准弄虚作假,决不能做官仓硕鼠,要珍惜天下老百姓缴纳的每一粒粮食。

征收漕粮时,余启元诚信为本,实事求是,以身作则,奉公行事,不徇私情。他经常深入现场,抽查漕粮米色。如发现虫蛀掺杂及潮湿霉变,在未查验收兑前,则问责州县;在查验收兑后,则问责负责运输的官军,追究相关当事人责任。漕粮粒粒来自老百姓的辛勤汗水,在漕粮运输中,余启元严格审核漕粮损耗,对经自己手上报的损耗,笔笔都要亲自核实,弄清缘由,据实呈报。对发现有虚报损耗、弄虚作假、损公肥私的行为严厉打击,由于自身清正不阿,刹住了漕粮运输过程中虚报损耗的歪风。经过余启元的辛勤努力,豫章漕粮运输比往年同期减少虚耗40万石,漕政为之一新,受到户部的通报表彰。

余启元在监兑豫章漕粮中的突出表现，受到户部的嘉奖，也使朝廷上下对他刮目相看。鉴于余启元的诚信清正，不久，任命他转督河北易州粮储。在任期间，余启元清仓核粮，建章立制，破除陋习。由于余启元以身作则，严于律己，大兴诚信之风，为国家管好粮仓，保障粮食安全，要求别人的事自己先行做到，立身示范，取信于众，他的下属官员没有不佩服的，纷纷称赞他是"清操第一"。

后来朝廷感于余启元诚实守信的高尚清操，提升余启元为光禄寺丞，后又升任少卿。光禄寺掌管着皇家的祭祀，负责皇宫及京城官府的后勤供应，掌管的物资无数，光禄寺少卿是个人人想去的肥差。

《婆源县志》中所记余启元事迹

在光禄寺任上，余启元不阿宦官，概破前例，立定新规，严禁公私不分、中饱私囊，事事以身作则，严于律己，一心为公，不谋私利，除应得俸银外，不私用光禄寺钱款财物。余启元公开宣布，在公务活动中，自己不吃光禄寺一餐饭、不喝光禄寺一口水，接受大众监督。余启元说到做到，以身立信，光禄寺中的权贵看到余启元如此清正守信，也不得不心生佩服。摄于余启元的廉威，光禄寺中的大小官员只得循规办事，没人敢犯新规。后来余启元调离光禄寺，光禄寺的继任者效仿余启元行事，光禄寺的宦官反问继任者："你能效仿余少卿为人吗，他是不食光禄鱼、不饮光禄水的人，你能做得到吗？"

万历三十八年（1610），余启元向朝廷申请告老还乡，朝廷下诏，让他南下江南，转任南京大理寺丞，掌管本寺卿、总督粮储、通政使司通政使三颗大印。余启元为官清廉，虽执掌三印，大权在握，却从不谋私。余启元除了俸银，其他分文不取，在日常公务中从不花费公款。

后来余启元先后任南京鸿胪寺卿、通政使司通政使、大理寺卿等职，在大理寺卿任上，秉公断案，清理、平反了许多积案；督办粮政，严肃吏治，查处了一批贪官污吏。他严于律己，日常公务每日仅支十文钱买茶消渴，从不允许挥霍公款。后来，南京民间就流传着这样一句民谣："谁言南储如山积，余公十文买水吃。"便是当地老百姓对余启元为政清廉的赞叹。

80岁时，余启元晋阶正议大夫，属正三品。之后他便致仕回乡，为官多年而家无担石，80多岁高龄，仍然四处论道讲学，以彰圣教、淑人心为己任。当时，刘潜就任婺源县令，慕名前来沱川，当面向他请教治县方略，余启元告诫他说："明德为新民之本，寡欲为清心之要。"刘潜感叹："紫阳今复生也。"

后人感于余启元的品行，将他作为"理学名臣"奉祀于乡贤祠。

链接

余启元

余启元，字伯贞，号大郓，沱川人。沉静端方，卓然自命，读书日诵数千言，不屑屑于章句，每负表微继绝之志，立言制行，一以涑水、紫阳为师。

隆庆丁卯，应天乡荐，万历甲戌，成进士。初授内黄令，闻母疾告养驰归。逾期，调断楚闱事，摄篆嘉鱼，著廉能声。寻擢令临城，益冰檗自矢，会有履亩新役，元以无故纷扰、苦百姓，置不报。时江陵相方锄异己者衔之，改霸州学正。适丁外艰，家居十五载，不复作出山想。

甲午，黄侍御按部首荐之，起武定州学正，擢国傅，转司徒郎，奉玺书，监豫章漕兑，罢虚耗四十万石，漕政一新。寻督易州粮储，以清操第一，擢拜光禄丞，转少卿。不阿中贵，概破前例，中贵严惮不敢犯。后代者钟公行事，中贵群咻之曰："汝能效余少卿耶？彼不食光禄鱼、不饮光禄水者也。"

旋升南大理丞，时摄数篆，元励精分治，署棘寺多所平反，署宁台不妄出纳，署南储急收发、省讼牒、严邮符、搜宿蠹，所余廪金赎锾毫厘存币。每日惟支堂厨钱十数文，煮茗消渴而已。时南都谣云："谁言南储如山积，余公十文买水吃。"一时名公巨卿见元清操凛凛，皆心折焉。升大鸿胪，改太常卿，疏乞骸骨，四请乃允，特诏晋大理寺卿、正议大夫致仕。

元身都九列，而家无担石，虽年至耄耋，犹论道讲学，以彰圣教、淑人心为己任，邑令刘潜造请乞言，元陈："明德为新民之本，寡欲为清心之要。"刘曰："紫阳今复生也。"年九十有一。

性友爱，与弟泰元欢洽无间。没之日，仍嘱与弟同圹，抚弟之子不啻己子。厥后，冢子景辰复以贤孝著闻，廉洁乐易，后先一辙。崇祯丁丑，以理学名臣崇祀乡贤。计元筮仕，逢时当立，跻台鼎乃严出处，矜名节、忤权相、詟貂珰，毅然不以三公易其介。古大臣难进易退，使百世下闻风兴起者，元其人哉！

（民国《婺源县志·卷二十一·人物二·儒林》）

不负师托护遗稿

余灶均

汪双池,名烜,又名绂,字灿人,号双池。婺源段莘乡段莘村人,明末户部尚书汪应蛟裔孙。生于清康熙三十一年(1692),卒于乾隆二十四年(1759),一生著述颇丰,是和江永齐名的经学大师,被曾国藩誉为"本朝有数名儒",所撰《参读礼志疑》入选四库全书,名垂千古。

余元遴继承汪双池遗稿

乾隆二十四年(1759)九月初八,著名学者汪双池先生病逝于段莘村,享年68岁。乾隆二十五年(1760)正月,汪双池独子汪鸣之因哀恸过度辞世。汪鸣之去世前五日,约汪双池弟子余元遴(沱川乡理坑村人)会面。等余元遴从理坑村步行至段莘村见到汪鸣之时,汪鸣之已失声不能言语,只能用手指着汪双池生前所用盛装遗书手稿的竹箱,将它托付给余元遴保管。随后,余元遴等人料理完汪双池一家后事,就将汪双池遗孀江氏接到余元遴理坑村的家中奉养。

由此汪双池先生大部分遗书手稿都保存在弟子余元遴家中,令余元遴万分小心,"遗书虽存我家,倍令我梦魂惊悸,恐失隧耳"。当然保存遗书最好的办法是把它们刊刻出版,但是余元遴限于自身的经济情况,无力出版遗稿。他想到一个笨办法就是雇人抄书,并且得到婺源董厚山先生的全力支持,董厚山抄录的副本在当时也发挥了不少作用。

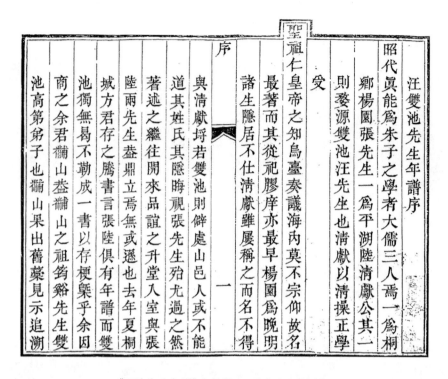

《双池先生年谱》中的《汪双池先生年谱序》

余元遴屡次将其师汪双池遗书副本进献给婺源县令，希望能将遗书上呈给当时正征召天下遗书的乾隆皇帝，可惜都没有成功。后来余元遴又雇人挑书至徽州府城，将遗书呈给安徽督学朱筠，才被准允将抄录的遗书副本送呈四库书馆，最终遗书之一《参读礼志疑》入选四库全书。

余元遴还将其师事迹上呈礼部，汪双池先生得以从祀于紫阳书院、乡贤祠等，并被载入《婺源县志·儒林传》《徽州府志》《安徽通志》《清史·儒林传》等方志和史书。

余元遴谨记其师汪双池及其子汪鸣之的临终嘱托，不断在徽州各个府县奔走呼吁，汪双池的学术思想也逐渐在本地文人中传播，影响不断扩大，而守护遗书手稿的责任也随着时间的流逝而愈加艰巨。

余龙光守护汪双池遗稿

道光十二年（1832），汪双池遗书手稿传至余元遴之孙余龙光之手，余龙光时刻不忘祖父的承诺，执着地守护遗书手稿，"是以自祖父以来，什袭尊藏，岁时翻晒，垂百年不敢懈"。"我子孙当择业儒有学行者守之，若争藏争分甚至与人者，均以不孝论。"

守护遗书，并不是简单地束之高阁，不闻不问。余龙光一边苦读，一边整理遗书，并且联络本地士绅殷实之家，请求资助将遗书陆续出版。前来借读遗书手稿的学者络绎不断，其中难免有人借后不还。为此余龙光订下条约："如有好学之士，愿藏遗书者，令其具纸笔来抄，无论亲友，原本概不出门云。"

道光十八年（1838），余龙光在综览汪双池遗书之后，编辑了《汪双池年谱》，此书概括了汪双池一生的治学交游情况，总结了汪双池全部的学术思想。

《绂山府群谱》中的《题考绂山府群谱》

咸丰五年（1855），太平天国起义军攻陷婺源县城，由国史馆发还的汪双池遗书副本即董厚山抄本被焚毁。余龙光"闻之令人惊心动魄"，虽有心再次抄录副本，但因一时难觅有心人而作罢。

咸丰七年（1857），太平军再次途经沱川，余龙光家中衣服什物被掠一空，余龙光长子余述祖为保全遗书数月未尝脱衣卧睡，积劳成疾，一病不起而逝，而遗书仍保存完好。

余龙光辞官后一直到去世前，都在不间断地整理遗书，并筹措资金出版。同治五年（1866），《双池先生年谱》终于刊刻出版，成为全国各地学者研究徽州朴学及汪双池理学流派的重要参考书。余龙光携带此书，亲自前往段莘汪双池墓前奠祭。

余家鼎出版汪双池遗稿

汪双池先生生前，其著作均未出版。历经余元遴、余龙光几代人的努力，遗书也才出版半数左右。每部著作也是由不同乡绅单独刊刻，所以各部著作版式大小均不相同。其中乾隆三十六年（1771）漳村王廷言刊刻《参读礼志疑》为遗书中出版最早的一部，到同治五年（1866）此书刻本已难觅踪迹。部分著作的雕版也在清末战火中被焚毁。

同治六年（1867），余龙光去世，遗书递传至其孙余家鼎手中。余家鼎在经营木行的同时，念念不忘其祖辈当年许下的承诺，一直在寻找机会，准备全部统一出版遗书，终于在光绪十九年（1893），余家鼎将汪双池遗书献于长安赵舒翘。赵舒翘率先捐资，加上各地乡绅陆续资助，学者开始全面系统地整理遗书。于光绪二十年（1894）重新开始刊刻，前后历时5年，才全部刊完。其中《山海经存》因为图画太多，以木板雕刻费时费力，最终决定石印出版。

余家鼎穷尽一生心血，把祖辈遗志牢记于心，作为徽商，诚实经营；作为婺源士绅，信守承诺，最终实现了家族100多年的夙愿。

链接

双池先生遗书次第刊行录

1. 乾隆辛卯年婺源漳村王廷言顾亭太守刊《参读礼志疑》，疑车田洪腾蛟鳞雨孝廉为之序。

2. 乾隆壬子年王顾亭太守刊《春秋集传》，自为序。

3. 嘉庆丙子年段莘汪起潢等刊《孝经章句》《孝经或问》。

4. 嘉庆戊寅年翰林院侍读湖北学政嘉兴沈维乔刊《读困知记》《读近思录》《儒先晤语》，婺源甲村李承端椿田水部为之后序。

5. 道光丙戌年婺源洪村洪钧一经堂刊《四书诠义》，安徽学政乐平汪守和巽泉为之序。

6. 道光己丑年段莘汪膏德刊《策略》。

7. 道光癸巳年洪村洪钧再刊《文集》，安徽学政沈鼎甫为之序。

8. 道光戊戌年婺源龙溪俞锽刊《理学逢源》，沈鼎甫为之序。

9. 道光壬寅年思口延村金鸿熙刊《诗经诠义》。

10. 道光己酉思口和源单士修刊《医林纂要探源》。

(《双池先生年谱·卷四》)

徽州木商重诚信

余灶均

徽商木业公所，又名徽国文公祠，位于浙江杭州候潮门外，是各地徽商自发组建起来的商业组织，为乾隆年间婺源人江扬言首创，后来，其子江来喜又在江干购置沙地3690余亩，将规模扩大到上至闸口下至秋涛宫。

众多在杭徽商包括杭州本地木行皆以徽州木业公所为纽带，公所董事负责协调、联络、维护各种关系，处理徽籍木商商业活动中遭遇的各种问题。

首先便是沙地之争。江来喜购置3690余亩沙地为木商拆排、堆储和抵关检验所用，但一直遭到当地居民的反对。木商和当地居民多次冲突，由徽州木业公所出面，官司一直打到户部，乾隆四十九年（1784）公所一方胜诉，并立石永禁，但是居民围垦沙地之举从未停止，商民之间的纠纷一直不曾间断。但徽商利用公所这一群体力量，避免沙地被侵占，也在与各种势力的斗争中不断壮大自己的实力。

其次是内河运输之事，木材从江干沙地转运内河时，均需人力驮运，排夫重新扎排，拖运入闸。而且必须当日运完，不得延误，否则会耽误次日船运，所以排夫、运工这些人力往往临时抬价，亦需公所出面协调。

再次便是漂木赎回。木排在新安江运输途中，寄一线于万千浪涛之中，若遇风潮，极易被冲散。沿岸百姓肆意打捞木材，木商损失严重。此时，须由公所派董事出面，与当地官府协商，赎回原木，避免木材被私截。

在频频与官府打交道的过程中，公所也会为木商积极争取利益。徽木自新安江运至江干，沿途有三个关卡：威坪、东关、闻堰。先到淳安县威坪，须纳起捐；再至严州（今桐庐县、淳安县、建德市一带）东关，又另收花色补起一捐，烦琐不便，导致木商频繁申诉。后经公所董事据理力争，免其严州东关、萧山闻堰两卡之捐，同时加收威坪起验捐数二成。虽然略有损失，但至此徽州木排得以在钱塘江面畅行无阻。

公所的公信力体现在董事的选举之上，董事必择人品端方之人，由公所出具知单，全体木商各书"可"字作为凭定。董事3年一换，以防日久生变，3年期满，董事先行邀集众商，交明账据，洁身而退，如人品端方，账目清晰，大家一致力求连任者，可连任。

公所董事的主要工作：（1）每年九月十五日朱子生辰，公所置办香烛贡献，虔诚礼拜，以朱子提倡的"仁、义、礼、智、信"来约束大家；（2）每年十月初一，举行盂兰会，以赈孤魂，因为木业虽获利较丰，同时也是十分危险的工作；（3）每年六月初一，汇集众商，在朱子像前核账，评定是非，备席款待；（4）董事管理公所收支，每年五月核实，六月底刊行《徽商公所征信录》，分送各行，俾众咸知，以昭信实；（5）收取各木行山客沙粮捐、木捕捐、旅榇厝所捐助等；（6）为木行排除纷争，不得怀私袒护；（7）修理公所，添置物件等。

公所主要的收入是沙粮

木商铁制戳记

捐、木捕捐。沙粮捐是替政府代收，雇人点查木料码数，每百洋收3钱7分5厘；木捕捐是公所雇人日夜巡查堆场，防止盗窃，每百洋收1钱；另外捐助厝所，每百洋1钱5分，其钱不入公所，是替惟善堂代收，主要是为客死他乡的徽籍旅外人士置办棺木，纯是善举。公所主要的支出便是打点各种关卡、疏通各种人际关系，其他雇员薪水及公所宴饮，只占支出的很小部分。公所的支出往往略高于收入，整体接近于收支平衡。

每年收支以及各种底据、告示等由公所刊刻出来，汇成《徽商公所征信录》。《徽商公所征信录》只在徽州木商内部发行，旨在取信于徽州各地木商，而各位木商要遵守信用，只能按《徽商公所征信录》中的"旧章"来办事，不能违越，共同维护徽州木业，共谋发展。

《徽商公所征信录》公开各项收支，其目的正是体现木行交易的诚实可靠，信守承诺。只有全体徽州木商诚实守信，按时缴纳各种捐助，公所才能维持正常运作，更好地为众多木商服务。

《徽商公所征信录》充分体现了董事与公所之间、公所与木行之间信义为本的原则，各取所需；同时木行同业之间各项代收代捐，也在《徽商公所征信录》一书中刊出，进一步表示同行同业之间透明公开诚信交易。

诚信二字值千金，在《徽商公所征信录》中显露无遗。

链接

《徽商公所征信录》目录

1. 宣统元年江城序
2. 凡例
3. 乾隆五十一年闸口沙地案碑文
4. 光绪二十三年威坪改捐东关免验告示
5. 内河章程

6. 徽河取木告示
7. 具诉内河阻滞禀稿
8. 基地房产底据
9. 戊申同义兴木行代收沙粮木捕总目
10. 戊申同茂兴木行代收沙粮木捕总目
11. 戊申德昌隆木行代收沙粮木捕总目
12. 戊申巽记木行代收沙粮木捕总目
13. 戊申年裕大木行代收沙粮木捕捐洋总目
14. 戊申同利兴木行代收沙粮木捕总目
15. 戊申隆记木行代收沙粮木捕总目
16. 戊申生记木行代收沙粮木捕总目
17. 排甲费
18. 自戊申九月至己酉六月所有手收账总目
19. 谦手戊申九月至年终收付各账

（宣统元年《徽商公所征信录》）

清明会次见守信

余灶均

清咸丰十年（1860）正月二十五日，婺源坑头村潘正录妻何起秀，因丈夫早逝，未留有一儿半女，恐怕以后坟墓荒芜，无人祭扫，因此央集同族四房人丁等商议清明祭奠之事，同时订立会次会规，草订账簿，为身后之事做了长久安排。还订立了清明及腊月二十四日祭奠的各项具体事宜，并记录了各处坟墓所在。

这种在宗族内部订立的契约，只是凭借血缘关系和各人的诚信维持下去，根本无人监督。

清明会次订立之初，何氏仍在世，由她自己主持，各房依规办事。直到光绪六年（1880），何氏辞世，会次仍照旧进行无误。其间因为何氏清明会次中的钱粮数目较大，同族各房中其他乏嗣无后的成员相继入会，会次越做越大，不得不又订立了许多议项。比如原先祭扫坟墓只有4座，后变成34座。原先四房轮流值首，到光绪四年（1878）只留三房值首。同时规定各处挂纸拔坟者须年满15岁，现有钱洋一概不得外借，各房祭桌存放何处等。

轮值会首的主要工作：(1) 清明祭扫之事。祭扫完毕后，所有诣墓挂纸拔坟者给钱若干文，照人头均分（未满15岁者不给钱）。另外还需办白水粿式秤，老幼均分。(2) 收租。主要指秋收租谷。(3) 生息。指民间借贷，族人欠钱、欠谷、欠亥肉等，一律折价收取利息。(4) 收支账目。

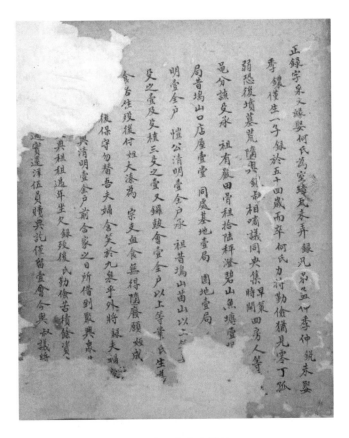

坑头村清明会次会规其一

除此之外，会次还要负责维修各处路桥、风雨凉亭、香火宫、田塍水圳等。比如光绪二十六年（1900）支英洋乙元又钱七十五文，买瓦690片，修占港岭脊亭。一般在农历正月初，核算前一年的收支等项，并移交给本年度轮值会首。

坑头村地处婺源中部山区，本就山多田少。在经历咸丰初年的太平天国战火之后，人口骤减，社会秩序较为混乱，不得已民间组织会次，订立会规，稳定社会秩序，恢复生产，地方政府因此可以增加赋税，所以并不禁止。这也是清晚期徽州各地会次增多的原因，有龙灯会、清明会、端阳会、冬至会等。

会次在帮助恢复生产、收取租谷的同时，也会吸收民间资本，进行放贷，甚至有些会次纯粹只为放贷收取红利。民间借贷又多以田产地契抵押，贷款收不回来，田产充公，又可收租。而坑头村清明会次不同于这种会次,其借贷极少有抵押物,利息很少,甚至不计利,欠款往往收不回来,造成收支不平衡,所以屡次在会簿上注明现钱不准外借。清明会次也没有多少盈余,比如宣统二年(1910)记录会次只存洋贰元壹角八分八厘、钱廿文。这也说明坑头村清明会次是一种公益性质的会次组织。

清明会次在坑头村维持很久,直到土地改革时期才停止活动。原本四房轮流充首,到民国初期只剩二房充首。可见要想维护这个会次有多艰难,人们信守诚信也是坑头村清明会次能够存在90余年的根本原因。祭扫孤坟90余年,诚实守信的坑头人做到了。

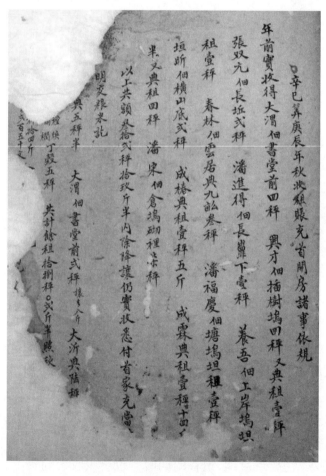

坑头村清明会次会规其二

链接

坑头村清明会次会规（节录）

正录字采文，缘娶何氏为室，璋瓦未弄。录兄弟孟仲季，仲正锐未娶，季正农仅生一子，录于五十四岁而卒。何氏力持勤俭，犹见零丁孤弱。恐后坟墓荒堕，与农叔相啇议，同央集早、策、时、开四房人等面商，鼋分该股。承祖有严田……以上等业，氏生为食居，殁后付侄大溱为宗支血食，无得堕废，愿侄成人变豹，保守勿替，吾夫妇含笑于九泉乎。外将录夫妇……合附入祀。

一议递年祭广锡公清明日为正录夫妇祭扫标挂，其会何氏存日仍归氏管，殁后归众收租领胙，农与何氏，永无异说……

以上等议，何氏同正、农、央、集四房人等附入祀事，永无异说，日后希四房人等支孙各宜协力同心生放，日新月盛于勿替，则清明可以兴焉哉。

咸丰拾年岁次庚申正月二十五日立议附入祀人何氏

（《坑头村清明会次会规》）

标明陈茶扬诚信

汪发林

婺源秋口镇官桥村,古称乔川。清道光年间,村里出了个"朱百万",关于他的传奇故事,当地村民至今仍津津乐道,并引以为荣。这个"朱百万",就是闻名天下的江南大茶商朱文炽。

朱文炽(1796—1880),字亮如。他的父亲朱乾标和叔父朱乾柯少年丧父,家庭极度贫困,两兄弟全靠砍柴卖柴奉养母亲,维持一家人最基本的生活。

母亲去世,依靠亲人的帮助兄弟俩草草料理了母亲的后事。生活无着落的兄弟俩,决定外出经商做生意,先是在官桥、秋溪、长径、小秋口、渔潭、鹤溪一带做小商小贩,日出同行,夜归同宿,饮食必偕,苦难共当。

经过几年努力打拼,兄弟俩还清了父母生前积欠的许多债务,略有节余后,又千里迢迢前往广州一带,与洋人做起茶叶生意来,没几年就赚得盆满钵满。

乾隆后期至嘉庆年间,兄弟俩以广州为中心,经营茶叶的范围涉及大半个江南。他们创办"乾盛隆"茶行,成为徽州人在广州创办的名茶行之一。他们与英、法、德等国商人直接贸易,茶叶通过大船运往欧洲。

朱文炽是朱乾标的第三个儿子。他天资颖悟,勤奋好学,父亲和叔父都对他寄予厚望,两位哥哥也对他呵护备至。他从小就跟随父亲在广州生活,耳濡目染父辈们与洋人打交道、做生意,朱文炽日渐形成开阔的视野和灵活的头脑。他还醉心于学习英语，一口英语说得颇为流利，很得父亲和兄弟们赞赏。

朱家"乾盛隆"茶行起初是由父亲朱乾标主持的，生意顺风顺水，很是兴隆。但朱乾标50岁时得了哮喘病，三个儿子毕竟还年轻，就将茶行交由朱乾柯主持。嘉庆二十三年（1818）朱乾标逝世，朱乾柯又把"乾盛隆"交给朱乾标的长子朱文灿经营。谁知仅仅过了10年，朱文灿又患急症死了。眼看着"乾盛隆"的旗帜要倒了，朱文炽才在众人的推举下，成为"乾盛隆"的当家人，时年33岁。

朱文炽脑瓜灵活，视野开阔，善于经营，很快就打开局面，使"乾盛隆"茶行的年盈利实现翻番。他在做生意时特别讲诚信，始终力行"职虽为利，非义不可取也""宁可失利，不可失义"的商业信条。

有一年，他贩茶到珠江，由于路途遥远又艰难，长途跋涉耽搁了时间，他带去的大量茶叶错过了大宗交易的最佳时机。茶叶是一种季节性很强的商品，他带去的本来是刚上市的新茶，由于路途耽搁而成了陈茶，于是他在出售时就主动在一块大牌子上标出"陈茶"二字，以示不欺。新茶与陈茶的价格差别很大，因此他的损失也不小。但是，他绝不为利而失去诚信。当时的珠江牙侩（为买卖双方说合的经纪人）一看，立即抢上前去，将牌子摘掉，但朱文炽又将牌子竖起来，牙侩很生气，就说："你这样做，是故意不让我们赚钱！"朱文炽解释说："不是不让你们赚钱，是我们不能昧着良心赚不义之财。"

有一年，英国客商戴伦向朱文炽订购了一船的茶叶，有100吨，分1000箱装船。朱文炽手头没那么多存货，就派手下帮办去向其他茶商收购。就有某茶商妒忌朱文炽生意火爆，故意在茶叶中掺进大量的霉干菜（婺源土话叫"苏菜"），朱文炽对此一无所知。那1000箱茶叶装上船后，戴伦提出要开箱验货，朱文炽信心满满，说："理当如此，但验无妨。"谁知打开第一箱，里面的茶叶就是掺了"苏菜"的。戴伦问："朱先生，这是怎么回事？"朱文炽脸上挂不住了，红一阵，青一阵，紫一阵，白一阵。他急忙找来手下人问是什么情况，也基本猜出了个中的缘由。他指示手下的办事人员："这哪里是茶叶？叫我老脸往哪儿搁？倒海里去！"

第一箱茶叶倒进海后，接着开第二箱，是完全符合质量要求的好茶叶，朱文炽仍然说："倒海里去！"连着开了四五箱都是好茶，朱文炽却叫办事人员都倒进海里去。这时，戴伦坐不住了，大声说："朱先生，不能这样！这些茶不用再验了，我们完全相信你。那几箱倒掉的茶叶，我们照价钱全部补偿给您。"虽然倾倒了几箱茶，朱文炽却赢得了更好的声誉。此事后来在他的家乡官桥村演变成一句俗语："百万一朝苁，百万一朝穷，百万一朝红。"

正是这种诚信为本的精神，使朱文炽在商界赢得了极高的声誉。因此他经营茶叶，纵横南北，经过几十年艰苦创业，最终成了最为富有且又声誉极佳的大茶商。

链接

朱 文 炽

朱文炽，字亮如，官桥人。性古直。尝鬻茶珠江，逾市期，交易文契炽必书"陈茶"两字，以示不欺。牙侩力劝更换，坚执不移。屯滞廿余载，亏耗数万金，卒无怨悔。在粤日久，见同乡旅殁者多不能归葬，爰邀同志捐赀集会，立归原堂，限五年舁柩给赀，自是无枯骸弃外者。道光年间，两次襄助军需，蒙宪给奖。咸丰己未又捐助徽防军饷数百金。生平雅爱彝鼎及金石文字，积盈箱箧。享年八十有五。

（民国《婺源县志·卷四十一·人物十一·义行七》）

查信廷如数还款

汪发林

婺源北部的浙源，自古以来就是著名侨乡。千百年来，浙源人走南闯北，搏击商海，贸易四方。他们所积累的财富盈千过万，闻名于乡里。查信廷便是其中一位，至今仍有许多关于他的传奇故事在当地民间流传。

查信廷（1788—1873），名树茂，号柏荣，浙源乡凤山村人。祖上九代单传，到其父查法旺时连生三子，查信廷为次子。

少年时代的查信廷十分聪明伶俐，但家庭颇为贫寒。父亲无力供养三个儿子读书，查信廷只好上山打柴贴补家中日用。他每天天刚蒙蒙亮就起床，等他上山砍了一担柴火回家时，好些人家还没吃早饭。

随着年岁的增长，他每次上山砍柴时从村巷走过，总会被村里人指指点点。时间一长，他终于明白了：他们是在笑自己没本事，只配做个打柴佬。男子汉大丈夫，虽然家贫无力读书，不能成为朝廷必需之人，也要成为村里不可缺少的人。

查信廷先是跟随同村的族叔外出学做墨业。他从学徒做起，扫地抹桌、端茶递水、招待顾客、服侍师父和师娘，从不敢有半点马虎懈怠，总是做得一丝不苟、滴水不漏，很受师父和同行的器重。几年后，查信廷学徒期满，开始独立经营。他在贵阳、施南（清代行政区划，今湖北省西南部）、湖南、安徽、江苏等地开有多家墨行，生意做得风生水起，也因此积累了大量钱财。

后来，因为墨业竞争过于激烈，查信廷又转行做起茶叶生意来。他在襄阳、汉口等地开设茶行、茶号，茶叶主要销往欧洲和东南亚等地。由于贩茶海外利润丰厚，加上他脑筋特别灵活，十几年的时间，他就成了赫赫有名的茶商巨头。

他还在汉口办有自己的钱庄，曾经接受某熟人存银数百两，没过多久，存款人染病暴卒，那笔存款成了无主的"死账"。如果让那笔存款"烂"在自己的钱庄里，既不违反行规，也无人知晓。但这样做，违背了他自己的做人准则，使他良心不安。查信廷一直多方打听，数年后终于找到存款人的儿子，将存款连本带利一并奉还。存款人的儿子起初还不敢相信，问："真有这么回事吗？你有凭证吗？"查信廷说："我与你父亲是老相识，都是讲信用的人，不需要文书契约，一直记在心里，忘不了。"存款人的儿子这才把钱收下，对查信廷千恩万谢，说："我父亲有您这样的朋友，九泉之下也可以安心了。"

由于长年驰骋商场奔波劳累，老年时查信廷的身体情况每况愈下。1853年，66岁的查信廷把亲手打造的偌大基业全部交给次子查焕炎经营，而与长子查焕梅回到阔别多年的老家凤山村颐养天年。他在建造了自己的豪宅后，又带头创建七房的厅屋"敦睦堂"，用来祭祀安鼎公七代孙七房始祖永显公。

查信廷不惜重资，致力于村中的公益事业。凤山村查氏下祠堂文德祠年代久远，朽坏不堪，查信廷就邀查允滋、查仲之等人出资重建，花了3年多时间才建成。凤山村口的龙天塔建于明代，历经数百年风雨，面临倒塌，他又与族侄查植三等一起出资重修。

同治十二年（1873），查信廷在凤山村家中逝世，享年86岁。光绪二年（1876）查信廷被朝廷旌表"七叶衍祥"，抚宪裕公亲自赠送"庆衍云礽"匾额。凤山村的查氏族众都为查信廷感到荣耀非常。

链接

查信廷公暨子烈斋公传

查公信廷,讳树茂,柏荣其号也,同邑凤山人。祖曰钦繁,考曰法旺。九世单寒,累有隐德。至公考始举丈夫子三,公其仲也。少有至性,樵以养其亲。既而幡然曰:"丈夫无力读书,既不能为朝廷所必须之人,亦当为乡曲所不可少之人。"樵而终焉,耻孰甚,遂走贵阳、施南、吴楚间,为墨业,善居积。晚业茶,殷实甲于乡。平居喜读古书,而于《紫阳纲目》肆力尤深。凡古今山川、风俗、沿革,了然于胸。咸同间,有粤寇,吾邑戒严。公首以数千金助邑侯办团练,输将相继,军需裕如,公之力也。事平,议叙授五品职,若祖若考如其阶。其乡有文德祠,为公支祖享堂,年远坍坏。公倡议出赀修理,落成,复师范文正公义田故事,置田五十亩,曰"备济会",以赡族人。岁时荒歉,咸有赖焉。乡之南有浮图,颓垣败瓦,风雨凄甚。形家谓文明所关,修则吉。公闻,毅然为己任。族子植三助之而成。是役也,公岂为形家言信哉,为其所当为耳。而近年果有登科甲而出仕者,入庠序而贡成均者,济济多士,乡之人传为美谈云。至其怜贫恤孤,指不胜屈。好行其德者尚能之,何足为公异也,故不书。娶曹宜人,生子二,长焕梅,次焕炎;孙十一人,曾元七人。森森一堂,公亲见之。当道以为人瑞,请于朝,恩赏"七叶衍祥"额,以旌其闾。卒年八十有六。曹宜人亦八十有七,后公数年而卒。

烈斋公,讳焕炎。其为人也,厚重简默而蔼然可亲。弱冠佐其父信廷公货殖,盈虚消长,亿则屡中。信廷爱之,曰:"内精明而外浑厚,此子其殆庶几乎?"平居自奉甚约,而济人则无所惜。人非善不交,利非义不取。于朋友则誾誾,于兄弟则怡怡。人或欺忤之,夷然未尝较也。人或频以事索之,辄应未尝厌也。卒之日,多叹息泪下者,可想见其为人矣。年仅四十有四。子六,长元瑞,附贡生,次家瑞，守其先业，余诸业儒。家瑞为鼎之妹婿，其家世知最悉，适查氏修家乘，书来请传，故举以彰之。

余家鼎曰：吾邑为朱子故乡，曩者非惟士大夫崇尚礼教，即农工商贾，莫不怀仁义以相接，君子之遗泽孔长矣。如信廷公者，诚无愧于一乡之善士，而能读紫阳遗书也欤；若烈斋公之宽厚好义，又可矫流俗刻薄之风。使天假之年，其所立曷可量哉！

（清光绪《婺源查氏族谱》）

诚信似金石当银

汪稳生

傩舞之乡婺源县秋口镇的长径村,有两座牌坊,一座是石牌坊,另一座是木牌坊。石牌坊上刻"嘉靖壬戌科进士中宪大夫苑马寺少卿程文著",木牌坊上刻"旌表程宗大尚义之门"。

明嘉靖年间,程氏二十二世祖程宗大,字仕广,是长径村一位名气很大的徽商,他从事货物贩运,经营茶叶、木材、大米等,重义轻利,重诺守信。

长径村景

当时，广东遭饥荒，程宗大贩运了4船大米到广东。没想到，船刚靠码头，就受到饥民围攻。程宗大说："大家不要抢，都有份。"于是让随行人员将大米分给饥民，分文未取。4船大米全分完了，看着空空的船舱，程宗大毫无悔意，半句怨言也没有。这时，他看到一位孕妇赶来要米，却没有拿到米，程宗大看她挺着大肚子，哭诉家里已没米下锅，动了恻隐之心。船上已经没米了，身上又没有多余的钱，他就从地上捡起一块石头，找附近的当铺，要求当银子用。当铺伙计瞥了他一眼说："去去去，拿个石头也能当钱，穷疯了吧？给我走开。"

程宗大没有生气，笑笑说："把你们掌柜的叫出来就是。"

掌柜的出来一看是程宗大，满脸堆笑说："程老板好，您当您当，当多少都行的，别人不敢说，谁还信不过您？一句话就是一个钉子！"

"我也不多当，就50两吧，下次运货过来就把银子送上，把石头拿回去。"程宗大回道。

当铺掌柜的立马叫伙计拿来50两银子给程宗大，程宗大径直把银子送到孕妇手里，说道："这钱你拿去，买些米，多余的拿去开家店，做点小买卖，生活就不用犯愁了。"孕妇千恩万谢，拿着银子离开了。

没隔多久，程宗大贩货到广东时，立马将银两还上，赎回石头，他的诚信之举让当铺掌柜心服口服。

这位孕妇因为程宗大的帮助，做起小本生意，生活有了着落，顺利地产下腹中婴儿，是个男孩。孩子慢慢长大，进了武馆学艺，精于武术，后来考中了武状元。

多年经商，程宗大盈利丰厚，号称"程百万"。他把赚的钱用在了长径村貌的改造上。据说从前长径村溪水穿村而过，他根据村形将溪水改道到村边蜿蜒而过，在原来水流之地建起了房屋。据传，从秋口上街到七坊亭至长径村的青石板路都是程宗大铺设的，此外，他还捐资修建了庙宇等。

程宗大被敕封旌表"尚义"，修建的尚义堂规模也不小，共有3个天井，100多根柱。堂屋为五朝门，四面有堂屋套，前有花园、马巷，整栋房子仅由一个木楔连接于屋中横梁，被誉为"江南第一堂"，惜"文革"时被毁。

链接

程 宗 大

程宗大，字仕广，长径人。性孝友，怜族侄无屋，出己田，易柿木段基地，构屋栖之。三楚岁祲，捐金赈饥，全活者众，诏旌"尚义"。素志高尚，以季子镐膺义官，凡要津僻岭，悉建桥、建亭，以便行旅。详具学士程敏政教谕陈简铭志，并膺诰命敕书。

（清光绪《婺源县志·卷三十一·人物十·义行一》）

兑现承诺拓良田

汪稳生

汪应蛟（1550—1628），字潜夫，号登原，江西婺源段莘乡段莘村人。明万历二年（1574）中进士，初授南京兵部主事，后历任南京礼部郎中、兴泉宪副、济南参政、山西按察使、右都御史代天津巡抚与保定巡抚、工部右侍郎、兵部左侍郎，累迁至南京户部尚书，加太子少保。平生著作甚富，有《诗礼学略》《乡约记》等百余卷。

万历二十六年（1598），倭将平秀吉兵围朝鲜，危及明朝安全，朝廷派天津巡按领兵赴朝镇抚，升汪应蛟为右都御史代天津巡抚，

段莘村景

屯兵驻防，保卫海疆。

由于连年征战，军粮供给非常紧张。原地征收，则当地老百姓负担过重，不堪重负；体谅农民则军粮供应又得不到保障。汪应蛟希望能想出一个两全其美的办法来。白天他四处察看地形，了解当地情况，晚上召集将领，让大家一起来出主意，但一直没有好的办法。

天津附近葛沽、白塘一带，东面临海，多盐碱斥卤之地。潮汐涌推，大量泥沙境内堆积，形成独特的"沙地滩涂"。这天，汪应蛟在巡查中发现一位老农正在打苇草，就问他："这么一大片土地为什么不开垦起来种粮食，而让地荒芜，苇草这么高？"老农告知说："这是盐碱之地，种不了农作物。"

汪应蛟心想，这一带水源充足，若能将此荒废之地开垦为水田，不仅能改善军队的粮食供应，同时还能大大促进当地的农业发展。为此，汪应蛟马上差人找来当地德高望重的几位老人，向他们询问具体情况。可老人们都摆手说，先祖到他们这辈都没种过水稻，盐碱地没法种农作物。汪应蛟经过调查分析，得出"地无水则碱，得水则润，若营作水田，当必有利"的结论。于是，他力排盐碱地不能耕种的"风土论"观点，认为盐碱地形成的根本原因在于水分状况不良，所以在改良初期，重点应放在改善土壤的水分状况上面。他下决心试一试，为当地首开先河，让盐碱地里种出粮食来。他查阅大量资料，深知盐碱改造首先要排盐、洗盐，降低土壤盐分含量，再种植耐盐碱的植物，培肥土壤，最后种植作物。

汪应蛟下令驻防兵丁2300人进驻葛沽、白塘一带，筑堤围田，开浚河渠，灌水洗碱，开始屯垦。他吸取江浙治理盐碱地的经验，采取"一面滨河，三面开渠，与河水相通"的办法，四面筑堤以防水涝，开挖深渠利于排涝，利用海河一日两潮引水灌溉和排出盐碱。第一期垦田5000亩，其中水田2000亩，亩产粮四五石，旱田3000亩，亩产薯豆一二石。

汪应蛟首次屯垦，并创天津种植水稻之始获得成功，实现了自己曾经许下的承诺，了却一大心愿，也为当地大规模开发改造盐碱地提供了宝贵的经验。皇帝褒奖，百姓高兴，天津葛沽、白塘一带的军民从此才相信江浙一带治理盐碱地的方法可在北方推行，官员们也开始相信青黄不接的盐碱地通过治理能变成膏腴之地。

兑现承诺拓良田

汪应蛟顺势而行，积极倡导和大力推广。没出几年，天津"田利大兴"，大片的盐碱地得以开发成为良田。屯田范围逐步扩大到何家围、吴家嘴、双港、辛庄、盘沽、贺家围、东泥沽、西泥沽等地，分别以"求、仁、诚、足、愚、食、力、古、所、贵"十字编次其围田，人称"十字围"。开田数量达到"十八万亩，积谷无算"。每年获利饷银6万两，使天津财力大增，极大地改善了军粮供给情况和百姓的生活条件，并造就了津门著名的水利设施，福及子孙后代。

在保定任巡抚时，汪应蛟看到保定一带也是"荒土连封，蒿莱弥望"，他认为"惟屯田可以足食"。于是上疏朝廷，建议"开渠置堰，规以为田，可七千顷，顷得谷三百石"，施行后卓有成效。

辞官归婺源故里后，汪应蛟曾捐俸置义田50亩，建"正经堂"，修三贤祠，并讲学其中。

汪应蛟为官多年，是个言而有信、言出必行的好官，既为朝廷分忧，又为当地百姓办实事做好事，高风亮节，视国如家，在当地影响很大。

链接

汪 应 蛟

汪应蛟，字潜夫，婺源人。万历二年进士。授南京兵部主事，历南京礼部郎中。给由入都，值吏部侍郎陆光祖与御史江东之等相讦，应蛟不直光祖，抗疏劾之，于政府多所讥切。

累迁山西按察使。治兵易州，陈矿使王虎贪恣状，不报。朝鲜再用兵，移应蛟天津。及天津巡抚万世德经略朝鲜，即擢应蛟右佥都御史代之，屡上兵食事宜，扼险列屯，军声甚振。税使王朝死，帝将遣代。应蛟疏请止之，忤旨，切责。朝鲜事宁，移抚保定。岁旱蝗，振恤甚力。已，极言畿民困敝，请尽罢矿税。会奸人柳胜秋等妄言括畿辅税可得银十有三万，应蛟三疏力争，然仅得减半而已。三十年春，帝命停矿税，俄中止。应蛟复力争，不纳。

应蛟在天津，见葛沽、白塘诸田尽为污莱，询之土人，咸言斥卤不可耕。应蛟念地无水则碱，得水则润，若营作水田，当必有利。乃募民垦田五千亩，为水田者十之四，亩收至四五石，田利大兴。及移保定，乃上疏曰："天津屯兵四千，费饷六万，俱敛诸民间。留兵则民告病，恤民则军不给，计惟屯田可以足食。今荒土连封，蒿莱弥望，若开渠置堰，规以为田，可七千顷，顷得谷三百石。近镇年例，可以兼资，非独天津之饷足取给也。"因条画垦田丁夫及税额多寡以请，得旨允行。

已，请广兴水利。略言："臣境内诸川，易水可以溉金台，滹水可以溉恒山，溏水可以溉中山，滏水可以溉襄国，漳水来自邺下，西门豹尝用之，瀛海当诸河下流，视江南泽国不异。其他山下之泉，地中之水，所在而有，咸得引以溉田。请通渠筑防，量发军夫，一准南方水田之法行之。所部六府，可得田数万顷，岁益谷千万石，畿民从此饶给，无旱潦之患。即不幸漕河有梗，亦可改折于南，取籴于北。"工部尚书杨一魁亟称其议，帝亦报许，后卒不能行。召为工部右侍郎，未上，予告去。已，进兵部左侍郎，以养亲不出。亲没，竟不召。

光宗立，起南京户部尚书，天启元年改北部。东西方用兵，骤加赋数百万。应蛟在道，驰疏言："汉高帝称萧何之功曰：'镇国家，抚百姓，给饷馈不绝，吾不如萧何。'夫给馈饷而先以抚百姓，故能兴汉灭楚，如运诸掌也。今国家多难，经费不支，势不得缓催科，然弗爱养民力，而徒竭其脂膏，财殚氓穷，变乱必起，安得不预为计？"因列上爱养十八事，帝嘉纳焉。熊廷弼建三方布置之策，需饷千二百万，应蛟力阻之。廷议"红丸"事，请置崔文升、李可灼于法，而斥方从哲为编氓。

应蛟为人，亮直有守，视国如家。谨出纳，杜虚耗，国计赖之。帝保母客氏求墓地逾制，应蛟持不予，遂见忤。会有言其老不任事者，力乞骸骨。诏加太子少保，驰传归。陛辞，疏陈圣学，引宋儒语，以宦官、宫妾为戒。久之，卒于家。应蛟学主诚敬，其出处辞受一轨于义。里居，谢绝尘事，常衣缊袍。

（《明史·卷二百四十一·列传》）

割股纳书守承诺

汪稳生

2016年10月16日上午,婺源大畈村的一座山丘上人头攒动,热闹非凡,这里正举行纪念南宋爱国名臣汪介然的武经大夫亭落成典礼。该亭六柱式,飞檐翘角,风格独特,高7.3米,直径3.4米。亭正面匾额书"武经大夫亭"字样,亭内置宋武经大夫观察使汪公介然像。落成之日,汪介然的后人还特意邀请洪姓和岳姓代表为武经大夫亭揭牌。此亭的建成,既能为村民遮风挡雨,供歇息之用,又有纪念先人的意义。

据《醴南汪氏八修族谱》及《婺源县志》等资料记载,汪介然,字彦确,号守道,婺源大畈人,生于大畈,葬于大畈。为大畈汪氏六十三世绿公之孙,父汪希闵。他生于北宋大观四年(1110),卒于南宋淳熙十四年(1187),享年77岁,后裔迁湖南。

汪介然出生次日母亡,六岁时父亡,由祖母抚养长大。18岁到开封投奔伯父,跟从四友先生汪存读书。后弃文学武,初投岳飞军,在宣抚司中充当干官。后转韩世忠部,奋勇杀敌,屡立战功,授承节郎。南宋绍兴十一年(1141),宋金达成"绍兴和议"。绍兴十二年(1142)九月,与侍郎沈昭远等出使金朝,任上节指挥使兼引接礼仪,授忠翊郎。未曾想此次使金,在金朝都城燕京巧遇被金朝扣留十几年的南宋大臣洪皓。洪皓于建炎三年(1129)出使金朝,被金朝扣押。他的儿子洪适被高宗起用为宰相后,数次致书金朝,要求放归其父,金朝朝廷以不知其下落为由拒绝。

大畈村武经大夫亭落成典礼

说来也巧,这天汪介然闲暇,便到外面走走,来到一座城楼上。向人问路时,被一位身材高大的汉子听出了南方口音,并上来搭讪。一问才知道,此人就是南宋重臣,滞留金朝十几年的洪皓。两人因此热聊起来,洪皓见到南宋朝廷之人,内心非常兴奋,得知汪介然是朝廷派到金朝的使者,便将一封书信,用蜡烛油封好,托汪介然带给高宗,途中不能被人发现。如果不小心被搜出来,不仅二人都会没命,还会牵连到国家政事。汪介然不顾个人安危,义无反顾地应承下来,并保证说到做到,让洪皓放心。

虽然蜡书拿到手了,但如何带回南宋却是个大难题,他深知洪皓乃是爱国忠臣,身陷金朝这么多年,思国心切,自己一定要尽最大努力,完成他的嘱托。回到驿馆,汪介然将此事告知了同来的沈昭远,二人商量来商量去,认为将蜡书放在行李里或藏在衣服里都可能被搜出来。为了不负重托,汪介然剖开自己大腿上的肉,将蜡丸藏于肉内,再用针缝好。鲜血直流,疼痛难忍,汪介然怕被人知,不敢出声。

汪介然大腿上的伤口还没有完全长好,归期已到,他坦然地通过了各种检查搜身，离开金朝，安全地回到了南宋。回到家中，他叫人请来医生取出蜡丸，擦净置于密室，等候高宗召见。

不久，高宗召见出使金朝使者，汪介然殿前奏以实情，面呈丸书，高宗御览，涕泣而下，深知洪皓的不易，也得知了时下金朝的一些情况，为援救洪皓等人提供了便利。

绍兴十三年（1143）八月，被金朝先后扣押的洪皓、朱弁（朱熹叔祖）、张邵等人终于南还。洪皓命儿子们拜谢汪介然，说："若非汪介然带回蜡书，就没有我的现在。"朱熹在给朱弁写的墓志铭中说："朱弁南还得邑人汪介然剖股蜡丸书之功也。"洪皓家录及朱熹《辀轩集》中也记载了此事。

汪介然累受武职，先后授保义郎、承忠郎、忠翊郎、承尚郎等职，乾道九年（1173）授武翊郎、武经大夫，淳熙九年（1182）领军驻扎吉州，当时朝廷令大使检阅兵马，有臣僚说汪介然不谙战事，训练不精。朝廷令试武艺，汪介然能挽一石二斗弓，在马上能用枪提米一石。淳熙十年（1183）授观察使，主管台州崇道观，在任上去世。

汪介然死后，其七世孙汪子文，曾在先祖墓前筑屋三间，建祠名曰"泽存祠"，今已无存。"为国尽瘁，不避危险，以忠义奋身，以功名垂世。"元代文人李祁所作《泽存祠记》这样盛赞汪介然。

汪介然守信用，重承诺，侠肝义胆，勇于任事，帮助深悉金朝内情的洪皓等人顺利返归南宋朝廷，其忠勇精神感怀后人，永载史册。婺源大畈村介然公湖南后裔及本地汪姓捐资所建武经大夫亭就是要让介然公遗风余泽传承下去，教育后人。

链接

汪 介 然

汪介然，字彦确，大畈人，幼失怙，恃鞠于祖母，倜傥不羁。年十八如京师从伯父四友先生学领，乡荐补太学免解不第。从岳飞军补宣抚司干官，后从韩世清军杀获刘忠等贼。补进义校尉，收复襄阳等六县以功迁承节郎。绍兴间，与侍郎沈昭远使金，先是洪忠宣皓陷金，高宗用其子适为相，屡书求皓，金以不知所在为辞，及介然使金，游城上，皓闻笑语曰南音也，密附蜡丸书，介然剖股纳之归。闻于朝帝召见，介然以实奏命于御前，取书以进，上览之涕泣。明年，洪皓、朱弁、张绍南还，皓令诸子孙罗拜之曰："微夫人之力不及此。"淳熙间，领军驻扎吉州，时朝廷令大使检阅兵马，臣僚有奏介然不谙战事，训练不精。朝廷令试武艺，能挽一石二斗弓，及走马以枪提米一石，仍其官以观察使，主管台州崇道观，卒。府志载武略，省志载武功。

（民国《婺源县志·卷二十五·人物六·忠节一》）

守诺重义五十载

汪稳生

婺源中云镇中云村人王熙恩,身材魁伟,为人诚实,闲静简默,一生不计较名利,心中坚守一个"信"字,代人掌管茶铺50余载,毫发无私,是婺源徽商中坚守"诚、信、义、仁"的杰出代表。

年轻时的王熙恩生活在清道光末期,是一名例贡生(明清两朝不由考选而由生员援例捐纳取得乡试资格的国子监生员),一心想读书求取功名。和睦村有一位他的姻兄,见他人品不错,便邀他一起经营茶叶,请他掌管一切事务。外出收购茶叶,再长途押运茶叶到外地找关系营销,或代各地茶商向洋行推销茶叶,从中赚取佣金等,只要有利润可得,他都去做,不辞辛苦。王熙恩踏踏实实地工作,吃苦耐劳,精打细算,把茶叶生意做得风生水起,替这位姻兄赚了很多钱,自己得到的报酬并不多。

这样过了约10年,这一年,姻兄不幸染病离世。这个时候有人对他说:"你生意做得那么好,可以单干自谋生路的,不必在一棵树上吊死。"王熙恩回道:"做人要讲诚信,不能光为自己,我与姻兄关系不错,他如今不在了,我怎么能离开呢?"

按乡俗来说,姻兄都过世了,王熙恩与姻兄家的亲戚关系也少了一层。可是王熙恩不以为然,还是像原先那样替姻兄家经营茶叶生意,从不把自己当成主人。曾经有一位族人,想邀他一起到广州贩茶,给他的待遇比这里高出一大截,而且所做的工作只是管管账目,却被他婉言拒绝了。

俗话说："海阔凭鱼跃，天高任鸟飞。"王熙恩有经商天赋，再加上他多年的积累和人脉，完全可以自立门户，赚到的钱会更多。不过他认为那样就失信于去世的姻兄，违背了他的初衷。

有一年，他收购了一批精茶，由于路上油布没有盖好，有好几袋茶叶都被雨水淋到了，但并不严重，按合约第二天要交货。如果将这几袋受潮的茶叶打开，分掺到其他茶叶中，没人看得出来。可是王熙恩坚决不这样做，他将那几袋茶叶挑了出来，送到有烘干设备的厂家去烘干再按低档茶叶的价格销售。他诚实经营的做法，受到大家称赞。

就这样，王熙恩独自经营50余年，把自己毕生的精力都倾注在姻兄家的生意上，账目清清楚楚，一丝不苟。姻兄家人总感到过意不去，每年都愿意多给他一些报酬，略表心意，但他从不接受。

后来，由于各种原因，姻兄家道中落，王熙恩为他们辛苦经营攒下的家财都化为乌有。一家人连维持基本生活都困难。王熙恩没有任何抱怨，坦然处之，还时常帮衬他们。中云村、和睦村一带的村人都对他竖起大拇指，夸赞他为人仁义忠厚。村里建桥修路他都乐于资助，还经常为村里做好事，直到他72岁去世。他的事迹得到人们的认可，被记入《婺源县志》。

链接

王 熙 恩

王熙恩，字敬初，例贡生，中云人。为人魁伟，闲静简默，事母孝。和睦村某姻兄见熙诚实，邀同业茶，尽交掌管。姻兄殁后，有劝熙自谋生理者，熙以戚谊难辞，巨艰独任五十余年，毫发无私。后姻兄家道中落，积存薪资俱至乌有，熙坦然不较勤恳，至七十二岁殁。亲属多赖提携，道路桥梁乐为资助，时人有心厚于仁之称。

（民国《婺源县志·卷四十二·人物十一·义行八》）

为民请命不食言

汪稳生

万国钦,字二愚,新建县(今江西省南昌市新建区)人。明万历十一年(1583)进士,授婺源知县,征拜御史,他言事慷慨,不避权贵,为民请命,说到做到。

明代的婺源工商业已经很繁荣,民风淳朴。万国钦到任知县后,常微服私访了解民情民意。这天他到了城北高安乡(今紫阳镇高砂村)一带,听见一户人家屋内传出哭声,循着哭声走近,见门前围着许多人。一个中年男子正指挥人往外搬东西,全是柜、橱、椅、木箱等。万知县朝屋内望去,一男子木呆呆地立在那里,无奈地瞅着别人把自己的家具搬走,妇人的哭声越来越大。他忙向围观的人询问缘由,一老者告诉他,这户人家欠朝廷的皇粮交不上,便去借高利贷,今年的收成不好,现在到期限了,还不上,只好用东西来抵债。"没法子,现时都是这样。"老者说。

万知县心里一震,这田赋税是朝廷定下来的,最近各地正抓紧催收,怎么竟会导致村民变卖家产呢?

老者见万知县慈眉善目,听得很认真,就接着说道:"朝廷这征粮法有不妥之处,10户轮流缴纳,每年由1户负责,你想这10年一轮回,轮到谁谁倒霉,轮到的人家当年自家种的粮根本不够数,只好去借高利贷,到时还不上就得变卖家产。"

万知县说:"老人家您贵姓,高寿几何?"有村民说:"他是咱村的老秀才程恒。"老者接上话说:"70岁了,过不多久就要进棺材了。"

"您老身子骨硬朗着哩，这征粮的事就没到县衙反映反映？"万知县关切地问道。"前些年到县衙去反映过，县太爷倒也蛮客气的，情况也清楚，只不过这征粮的方式是皇上定下来的，不好更改，也就作罢了。"老秀才说。

万知县说："老人家谢谢你。"便转身离开，又到别处看了看，发现情况差不多，这征粮的方式的确有弊病。身为一县父母官，他心里暗暗立下为民请命改革征粮法的决心。

回到县衙，万知县思量了几日，着手改革征粮法。他与县丞、主簿、典史商议起此事来，主簿翻查档案，这田赋的缴纳方式，是洪武年间制定的，以年定额，任务分配到甲（10户为1甲）。10户轮流缴纳，也就是说轮到者当年要缴纳10户税的总额。当年粮食不够，就去借贷，之后慢慢归还，逐步还清。

主簿说："这样缴田赋，百姓意见大，也无可奈何。"万知县说："这征粮法就得改，否则民不聊生，肥了那些贪婪的恶绅。"县丞说："征粮法改了朝廷会不会怪罪下来？"万知县说："田赋总数一文不差就是，只是缴纳的方式改变，我想朝廷即使知道了也没啥好说的。田赋按全县应上缴的总数每户分摊，不再10户一轮回，一年内有4次限期，每限期定下应缴纳的数额。按这个方式收缴，让各乡保长张榜公布。"

不多日，村民奔走相告，全县都知道征粮法改了，个个是喜笑颜开，倒是那些巧取豪夺的恶绅坐不住了，因为这样就没人来借粮，他们也就不能趁机上调粮价、放高利贷了。

公告张贴出去后，万知县在县衙还是坐不住，他带着衙役下乡入村，了解征粮情况，看到各地征粮有条不紊地进行，进度也快多了，才安下心来。

这天后晌，万知县正在后房温习书法，有衙役来报，说一老者领着许多人来要见知县大人。万知县以为发生了什么事，赶紧穿戴好官服来到大堂，一看不是别人，正是那天在高安乡遇见的老秀才程恒。

程恒老人倒没认出万知县，一见到县太爷就跪下行礼。万知县忙将他扶起，让坐，叫侍从倒茶，并询问有啥事。

原来万知县修改了征粮法,他们村的人都很高兴,一起合计,制了一块匾额,给万知县送来了。

当程恒老人认出万知县就是那天与自己闲谈的人时,更是激动不已,称他是真正知民情达民意的好父母官。万知县说受不起,离"好官"这称号还差得远。值得欣慰的是他在自己任期内,实现了自己的诺言,对得住婺源一方百姓。

如今婺源老城区内及外延的青石板街道也是万知县兴工所铺。据记载,万历十三年(1585),知县万国钦见"通衢素无石",动众兴工改造路面,铺砌青石板,使街道美化,便人行走。

万国钦在婺源做了7年知县后,因政绩卓越升任为御史。因弹劾申时行被贬谪为剑州判官,后任南京刑部郎中。

链接

万国钦更改征粮法

明代田赋以年定额,任务分配到甲(10户为1甲),10户轮流,每年由1户负责缴纳,轮到者无不家破。万历十一年(1583),知县万国钦更其法,以县之粮赋数额,每年按户分派,并规定4次限期,每限期又定应缴交的数额,张榜公布,逾期者罚。此法实施后,农户便不因为了完粮而四处告借,富家也不能乘机放高利贷。

(婺源县志编纂委员会编《婺源县志》,中国档案出版社1993年版,第518页)

言而有信程焕铨

汪稳生

清道光年间,婺源县清华镇石岭村有一个叫程焕铨的村民,性情耿直,为人侠义好助,是个热心肠。只要是他答应过的事情,无论有多大困难,他都设法办到。石岭村缺水,他请匠人在石沟内置瓦枧,以引水源到村里,花费500余金终于完工,受到大家的赞扬。

一天,一艘货船行驶在去海南岛的海面上。船中正目视前方的货主就是程焕铨,此次他受广州番禺好友张鉴的嘱托,雇船运载了10吨食盐到琼州那边去。他和张鉴是多年的好朋友,常常一起做生意,互相信任。此次他找了几个同乡的族人,抓紧时间办完货装运上船,便急着上路了。他是个守信的人,一定要按时把货送到。此时他望着前方茫茫的海面,心情就像那翻滚的海浪一样,难以平静。去年他与兄弟焕文贩茶亏损,已经负债数千金,心情能好起来吗?

石岭程家名誉地位都不错,父亲程汝霖,字国珍,是很有名望的一个人物,有布政司理问的头衔。《婺源县志》记载他"性慷慨,多义声"。道光初年邑侯陈溶创修城垣,他捐银300两,又捐谷百石赈饥,还经常施棺赈米。石岭村路险难行,他所费千金重造。不过父母早已病故,程焕铨成了顶天立地的男子汉,遵母命修建引水工程耗资巨大,家业已空。想做几笔生意赚些钱,没想到又亏损了。好在他多年经营积累下来的口碑和信誉仍在,这次番禺好友张鉴委托他运盐到海南,应当是个好的开端。连日来的辛苦劳累使得一阵困意袭来,他迷迷糊糊睡着了。

石岭村"布政理问"旗杆石

一觉醒来，天已大亮，同船的堂侄程岩告诉他，马上就要到海南了。程焕铨去船舱里洗了一把脸，想到就要和张鉴见面了，心情好了许多。

他曾与张鉴多次在番禺见面，二人无所不谈，虽然不常在一起，但办起事来都相互信任。就要抵达海南码头了，他甚至在想象张鉴会穿什么样的衣服站在港口码头来迎接他。

装满食盐的货船已经停靠在了码头，但程焕铨怎么也找不到张鉴的身影，心里开始纳闷起来。他和几个族人只好先下了船，到不远的餐馆里吃东西填饱肚子。这个餐馆生意挺好，食客也多，程焕铨隐隐约约听到有几个客人好像正在议论张鉴的事："挺意外的，我刚知道不久,家人可怜喽。""张老板前些日子见了,还是好好的,怎么这么快就过世了呢?"程焕铨赶忙凑上前去作揖施礼道:"适才客官说的张老板是张鉴吗?"食客说:"正是,他昨天过世了,听说他本来就有眩晕症。"程焕铨脑袋"嗡"了一下,神情恍惚起来,有点不相信自己的耳朵。

同来的几个族人,听说了这个消息,一下炸开了锅,你一言我一语地议论开了。程岩说:"把一船食盐转卖给别人算了,反正又没有合约,只是口头承诺,要不然的话,我们就亏了。"其他族人也说,大家一起分掉也行,各自去转销,货款归各方。程焕铨也何尝不想这么做,他自己有好多债务在外面没还清,10吨盐自己贴运费运输过来,本想多少可以赚些钱,没曾想发生了这种意外之事。如果把船上的货按市面上的价格,转卖给其他盐商,完全没问题,不仅运输费有了着落,自己还可以赚一点。而如今找不到货主,七八个人吃喝住宿要开销,该怎么办呢?

程焕铨是个言而有信之人,说过的话就是板上钉钉的事,不能反悔。他耐心地说服族人,分头去打听张鉴的住处,想方设法联系他的家人。无论如何也要把这10吨食盐交到他家人的手中。经过多方奔走,细心寻找打听,多日后,终于找到了张鉴的儿了,程焕铨将所托运货物如数交到他的手里。张鉴的儿子十分感激,握着程焕铨的手说:"先父生前多亏遇到您这样的好友,先前又没有商订合约,换作其他人一定不会这么做,叔父您重许诺讲信誉,值得我一生尊敬。"

虽然程焕铨海南之行没有获利,但是婺源徽商重诺守信,以信通天下,宁可失利,不可失义的精神在他的身上得到了体现,他的事迹在民间广为流传。《婺源县志》也将此事记录了下来。

链接

程 焕 铨

程焕铨,字景廷,石岭人,国学生,性孝友。家近船槽,去水甚远。母临殁谓铨曰："吾村为七省通衢，居人行旅皆嗟水乏，汝能置枧通水以济之乎？"铨承母命，外为石沟，内置瓦枧，以引水亘五六里，费五百余金乃成。尝与兄弟业茶，亏折负债数千金，铨鬻己田抵偿。番禺友人张鉴使宗人运盐二万有奇往海南，属铨管领。比至，鉴已殁，宗人欲瓜分之，铨力争不可，完璧而归，其子感谢。邻人有负债鬻媳者，铨代集会以偿，得续宗祧。义声藉甚，乡里钦重之。

（清光绪《婺源县志·卷三十四·人物十·义行七》）

一诺十年不言悔

汪稳生

婺源浙源乡庐坑村，故称庐源，是中国铁路之父詹天佑故里。清咸丰年间，一位身背包裹、手拿雨伞的年轻人走在庐源通往外埠的古驿道上，他的名字叫詹谷。这一带人多地少，出门就是山，土瘠人稠，一代代徽州人唯有走出大山，走出徽州，求食于四方，徽谚所谓"前世不修，生在徽州，十三四岁，往外一丢"。詹谷便是其中之一。

詹谷出门时，时龄20岁出头，只身来到上海，四处求职，他打听到上海崇明有家婺源江湾村江姓茶商开办的茶号，需要雇请帮手，就前去询问。江老板打量了他一眼，见他是同乡又淳朴厚道，就想试用他，当即询问他茶叶相关知识及经营策略等。詹谷来自家乡产茶区，对茶叶贸易知识平时就有了解，都能对答如流。于是，商议好聘金后江老板就将他留了下来。

詹谷进店铺后，帮助江老板打理生意，做事一丝不苟，手脚又勤快，深得江老板欢喜，光临茶号的顾客也越来越多。时间一晃半年多过去了，茶号的生意颇有起色。

这天，江老板想回婺源家中看看，就特意多烧了几个菜，把詹谷叫到跟前，说："小詹，我有要紧事要回趟老家婺源，店里的事就都全交给你打理了。"

詹谷连忙摆手，说："不行，不行！我打理不来，您还是别走，或者想想别的办法。"

庐坑村景

江老板说:"你业务熟悉,又跟了我半年多,没问题的,我相信你。"

詹谷说:"您那么信任我,我只能试试。您可要早点回来呀,我一定等着您回来。"

江老板一面整理东西,一面道:"我回家把事情处理好就回来,这段时间你肯定能经营好的。"说完他第二天就购买了船票,急急地回婺源江湾村了。

由于路途遥远,船舶颠簸,加之江老板年迈体衰,到家后就一病不起,不久竟病逝了。

上海崇明这边对江老板病逝的消息一无所知。詹谷尽心尽力地管理茶号,他比过去更勤奋,早起晚睡,一个人不辞辛苦,生怕出现漏洞，江老板回来不好交代。在账目上，他特别细心，一笔笔收入支出都记录得一丝不苟，清清楚楚，明明白白。一年过去了，江老板还没有回来，两年过去了，江老板还是没见踪影。时逢太平天国战事，隔山隔海，婺源那边始终没消息传过来，他也无法回家乡打听，只能默默地把生意打理好，把所得利润悉数保管好，等着江老板回来交给他。就是在这样艰难的情况下，詹谷不存半点私心，艰苦经营，竟然大获厚利，为主家赚下了大笔银两。

徽州商人离家别妻，一年到头奔波于外。按照徽州的风俗，商人一般每年回家探亲一次，然而那些离家远的三四年才能够回家与父母妻儿团聚一次，之后又要出门继续经营生意。对于代他人经营茶号的詹谷来说，何尝不想回婺源老家看看父母妻儿？可是詹谷一直坚守承诺，主人不回来他不能离开茶号。他等呀等，谁能想到这一等就是10年。突然有一天，一位年轻人找上门来了，自我介绍说，他是江老板的儿子。詹谷不由得吃了一惊，一番寒暄之后，江家儿子把江老板病故之事说了一遍。詹谷又是吃了一惊，为江老板惋惜。江家儿子说："那几年我还小，家母又多病，所以也来不了。多亏有你主持店里生意，辛苦你了！"

詹谷二话没说，就把这十年里的经营账本拿了出来，交给江老板的儿子过目。江家儿子见账目清清楚楚，笔笔入账明明白白，心里十分感动。

詹谷还请他清点店的货物，也是分毫不差，这个店虽然不是自己的，可是詹谷把它当成自己的店来经营，他不求什么，只求能对得住江老板，对得住自己当初许下的诺言。所有的账目来往都核对清楚后，江家儿子决定除了詹谷这10年按合约给的聘金外，再额外给他400金作为感谢。詹谷坚持不要，他只拿了他该得的10年的聘金，背起行囊，踏上了回家之路。江家儿子虽也想苦苦挽留，但詹谷还是执意要离去，江家儿子望着他远去的背影，不由得感慨，真是守信之人啊！

十年守茶号，诚信真君子！上海崇明一带居民，闻知了詹谷守店10年不弃的事迹后，都十分敬佩他诚实守信的做法。

受人之恩，理当相报；受人之托，理当守诺。詹谷受江老板之托，十年如一日，兢兢业业地经营茶业铺，实为不易，他的诚信精神值得弘扬。

链接

詹 谷

詹谷，字式诒，庐源人，国学生，文苑起鹏孙。性纯朴，贸易崇明，为江湾某任事。某年老归家，值发逆窜东南，崇邑孤悬海外，道途梗塞近十年。谷竭力摒挡，业乃大振。后江某之子至崇肆，谷将历年出入市籍交还，涓滴无私。崇邑之人咸服其公直，某子亦深感焉，临行辛俸外加赠四百金，辞不受，惟殷殷部署，后来肆务悉当，乃归里。

（清光绪《婺源县志·卷三十五·人物十·义行八》）

洪村阖族定茶规

陈爱中

在婺源县北部山区，清华镇西南一个僻静的幽谷中，有个自古以来被誉称为"长寿古里"的小村落，名叫"洪村"。按照该村保存的《敦煌郡洪氏支谱》记载，洪村建村于北宋初期，距离今天已经有1000多年的历史。有人根据该村《洪氏支谱》查考，证明洪村的洪姓，与宋代徽猷阁直学士洪皓（1088—1155）、同中书门下平章事兼枢密使洪适（1117—1184）、钱币学家洪遵（1120—1174）、端明殿学士洪迈（1123—1202）以及清代太平天国天王洪秀全（1814—1864）均属同宗，都是婺源北黄荆墩（今大鄣山乡车田村）洪氏始祖洪延寿的后代。

洪村的生态环境良好，四周青山环抱，山野树木成群，处处洋溢着大自然的盎然生机。

洪村历史上盛产松萝茶。松萝茶为炒青绿茶，创制于明代，至今已有400多年的历史了。

明朝文学"中兴五子"之一的冯时可在《茶录》中记载，隆庆年间，苏州虎丘有一位法号为大方的僧侣，云游至休宁县松萝山结庵，采摘山野茶用虎丘焙茶法烘焙，研制成了松萝茶。然而，当地乡民对于松萝茶的由来，却有着自己的说法。相传400多年前，在松萝山让福寺的篱笆旁，长年弃放着两口破损的石缸。天长日久，昼晒夜露，石缸里的积水浑浊泛绿，漂浮着枯枝败叶。一年早春，有一位银须飘胸的长者到此游玩，无意中发现了这两口石缸，察看许久后,他找到守庙老僧,当下便提出想买这两口石缸。几经交谈,老僧答应每口缸以白银30两成交。长者讲定次日携银派人来抬,便下山去了。长者走后,老僧想这石缸既然已卖,继续摆在外面过夜,如果被人盗走那就不妥了,于是叫人把缸内污水、杂物倒尽,并将缸刷洗干净,然后抬回寺中收好,以待长者次日来取。第二天早晨,长者兴冲冲带来8个人上山取缸。当他见到那两口已被冲洗得干干净净的缸时,跺脚嚷道:"糟,糟,糟!这缸,我要不得了!"老僧惊异地问:"这是何故?"长者说:"我出重金,要的就是缸里的水和杂物。你现在既然已将它们倒掉,我还要这两口破缸做什么?"老僧听后很是后悔。接着,长者随口又问了句:"缸里的东西倒到什么地方去了?"老僧指着寺庙旁的一块茶地说:"顺手倒在那里了。"长者"哦"了一声,见老僧耷拉着脑袋呆立在一旁,就安慰他说:"不打紧,那里以后一定会长出一片好茶树来。"不久,正如长者所言,那片茶地的茶树长得特别好。松萝茶由此而来。

洪村一景

由于松萝茶条索紧结,色泽翠绿,冲泡后汤色绿明,清香四溢,头开茶入口略带苦涩味,但回味却甘而醇和,并有茶中罕见的橄榄味,加上该茶具有"消积滞油腻、清火、下气、降痰"等功用,所以很快就与当时的"吴之虎丘、钱塘之龙井"等名茶并列。其实,真正使松萝茶盛名远播的,还是它的药用价值。传说有一年,休宁县北一带流行疫病,乡民不解缘由,纷纷前往松萝山让福寺烧香拜佛,祈求菩萨保佑。凡是到寺庙上香之人,方丈都请饮香茶;香客离去时,方丈还要赠予松萝茶一包,并且面授《普济方》方剂。即对于初染疫病的患者,用沸水冲泡松萝茶频饮,三五日便可痊愈;病重者,则用松萝茶与生姜、食盐、糯米炒至焦黄煮服或研碎尽服,疗效显著,由此使得松萝茶名扬天下。从此以后,毗邻休宁的婺源、歙县等地乡民,纷纷仿照松萝茶的制法炒制绿茶,而且借松萝茶名,一时远近争市,茶叶价格看涨。

清乾隆年间,由于洪村生产的松萝茶色、香、味皆优,诚为婺源绿茶中的珍品茶,所以当时来洪村收购松萝茶的水客(茶号至产地收购毛茶之人)很多,每值茶市,往来之人,摩肩接踵。日子久了,在买卖过程中,茶农与水客或因对茶叶品级的看法不同、或因水客收购茶叶时要求筛去碎末、或因茶农称茶时秤杆稍有头高头低、或因水客买茶银子的成色有高有低等,经常发生争执,有时乱成一锅粥。面对如此情状,洪村族长看在眼里,急在心上。于是,他连忙召集全族的士绅、儒生和约保,开宗祠光裕堂议事,商量如何解决这一问题。最后经大家商议,一致同意制定一份"茶规",用以确保在茶叶交易过程中做到买卖公平,互不相欺,共同维护好洪村茶市的良好声誉。

"茶规"条款明确规定:从道光四年(1824)五月起,凡到洪村收购松萝茶的茶商水客,进入村庄后任客自由选择主家。主家对茶叶品质必须"公品公卖",并在货价高低上要做到"前后如一",不得有欺诈、投机行为。买方品看茶样、以货论价并"言明开秤"后,不得中途毁约,"无论好歹,俱要扫收,不能蒂存","茶称时,明除净退,并无袋位"。洪村洪氏宗族为主持公买公卖,还在祠堂设立公秤两把,以方便客方"入祠校秤"。茶商水客"茶买齐"之后,应"先兑银,后发茶行"。同时,"茶规"严厉警告:"凡主家买卖,客毋得私情背卖",如果发现"有背卖者,查出罚(请戏班唱)通宵戏一台、银伍两入祠",而且"决不徇情轻贷",对"倘有强横不遵者,仍要倍罚无异"。

洪氏光裕堂"公议茶规"碑石

洪村规范茶叶流通市场管理的这份"茶规"定立后,洪氏宗族还专门勒石刻碑,并将这方"公议茶规"碑,嵌砌在宗祠光裕堂前院拱门边墙上。接下来,又请徽剧戏班演了三天三夜的戏,广而告之,提醒人们要自觉遵守茶规。自此之后,洪村茶市依旧人来客往、买卖兴隆,交易充分体现"公平诚信"的经商准则,而且一直循道不违。

链接

公议茶规

阖村公议,演戏勒石。钉公秤两把,硬钉贰拾两。凡买松萝茶客入村,任客投主;入祠校秤,一字平称;货价高低,公品公卖,务要前后如一。凡主家买卖,客毋得私情背卖。如有背卖者,查出罚通宵戏一台、银伍两入祠,决不徇情轻贷。倘有强横不遵者,仍要倍罚无异。

买茶客入村,先看银色;言明开秤,无论好歹,俱要扫收,不能蒂存。

茶称时,明除净退,并无袋位。

茶买齐,先兑银,后发茶行,不得私发。

公秤两把,递年交值年乡约收执,卖茶之日交众。如有失落,约要赔出。

道光四年五月初一日光裕堂衿耆约保同立。

("公议茶规"石碑存洪氏宗祠"光裕堂"前院边墙)

怀诚信为民请命

陈爱中

明代名臣余懋学（1539—1599），字行之，号中宇。婺源县沱川乡理坑村人。他于嘉靖四十三年（1564）中举人，隆庆二年（1568）第进士，由此步入仕途。

余懋学进士及第之后，初授江西抚州府推官，因为断案如神，望重一时。万历元年（1573）被召入京都，进为南京户科给事中。当时，内阁首辅张居正当权，力行改革，多有政绩，然而他挟震主威，独断专行，纳贿敛财，大造豪华官邸和毁天下书院的做法，却又激起众多儒生与臣僚的不满。次年5月，翰林院栖有白燕，内阁碧莲开花较早，张居正把这当作一种"祥瑞"献给神宗，并呈《白燕白莲颂》。余懋学对当时争相阿谀献媚的风气非常反感，于是上疏论斥张居正，说皇帝为天下大旱忧虑，正与百官图谋修禳，而张居正却搞什么"献祥瑞"，实非大臣应有之举。张居正见一个小小的给事中竟敢以此为口实，对他说三道四，心里十分忌恨，可是又不便发作。随后，余懋学又上奏，指出南京守备太监申信不法，使申信受到罢官处置。

万历三年（1575）二月，余懋学再次上疏，言"崇惇大、亲謇谔、慎名器、戒纷更、防佞谀"五事，恳望皇上"专尚刻核之实"，不要"数下切责之旨"，以为"本之和平""依于忠厚""宽严相济""政是以和"。其中"防佞谀"即暗指张居正、冯保为佞谀之臣。张居正看了此疏，勃然大怒，设法怂恿神宗下旨切责："余懋学职居言责,不思体朝廷励精图治之意,却乃假借'敦大'之说邀买人心,阴坏朝政,此必得受赃官、富豪贿赂,为之游说。似这等乱政憸人,本当依律论究,念系言官,姑从宽革职为民,永不叙用。"

余懋学故居门楼

为官勤政奉公的余懋学,没想到因上疏直言落了个"受赃官、富豪贿赂"的罪名而被削职为民。在罢官返乡途中,路过徽州府城时,适值休宁、婺源、绩溪、祁门、黟县民众为"丝绢事"争议不休。丝绢,原为朝廷派给歙县的夏税,但当年丈量土地立新册时,徽州知府却将歙县每亩科丝三钱的夏税,按全府人口数平摊给休宁、婺源等五县。这种以贫丁代富税的做法,激起了五县民众的义愤。素有慷慨直言秉性的余懋学,当即致书徽州知府萧敏道,劝他还是用原来的办法征收夏税,以保地方相安无事。可萧敏道根本无视余懋学的劝说,执意将平摊均派的方案上报,五县民众因之愤愤不平,纷纷竖旗聚众四处诉辩。余懋学不顾自己身处刚被罢官的逆境,与尚宝卿汪文辉(字德充,号都山,江湾镇古坑村人)、温州知府洪垣(字竣之,号觉山,段莘乡官坑村人)等婺源籍官员联名上书。婺源的士夫贤达,也都利用各自的影响,据理力争。官府见事态越闹越大，竟反诬五县民众"倡乱"，捏造不实之语飞报朝廷，并声称要捕捉所谓的"乱首"治罪。张居正闻讯也命巡抚、都御史查究"首事"余懋学。余懋学无所畏惧，据理辩诉，他称丝绢案有"五不堪""五不通""四诬""四不协"，丝绢原本是歙县的夏税，一旦平均摊派至徽州府其他五县，五县则以本无而代本有；一旦摊之人丁，则以贫丁而代富税。为此，五县民众纷纷诉辩，以至要查核黄册，情词激切；但当事者依然刚愎自用，固执己见，不知省悟。

万历十年（1582），张居正去世后，归家闲居八载的余懋学得到重新起用，恢复了原官职。"夙以直节著称"的余懋学上任之后，又上奏直言，夺成国公朱希忠王爵，请求召还光禄少卿岳相、给事中魏时亮等18人，神宗均一一准奏。不久，升任南京尚宝卿。万历十三年（1585），御史李植、江东之因诤谏皇帝修建寿宫一事被贬，余懋学为之申辩，上言列举朝政中之"十蠹"。此后，继升太仆寺少卿、光禄寺卿和通政使、南京户部右侍郎兼都察院右佥都御史等职。任户部右侍郎总督南京粮储时，余懋学对于抗诉持续多年的丝绢案，再次秉笔《豁释丝绢大辟疏》上奏朝廷，终使平摊五县的丝绢银仍由歙县一地征纳，"丝绢事"至此平息。

《沱川余氏宗谱》中的《豁释丝绢大辟疏》

万历二十一年（1593），余懋学称老辞官回乡。卒后朝廷下旨赐祭葬，追赠工部尚书。天启初年（1621），又追谥"恭穆"。

链接

余懋学

余懋学，字行之，婺源人。隆庆二年进士。授抚州推官，擢南京户科给事中。万历初，张居正当国，进《白燕白莲颂》。懋学以帝方忧旱，下诏罪己，与百官图修禳。而居正顾献瑞，非大臣谊，抗疏论之。已，论南京守备太监申信不法，帝为罢信。久之，陈"崇惇大、亲謇谔、慎名器、戒纷更、防佞谀"五事。时居正方务综核，而懋学疏与之忤，斥为民，永不叙录。居正死，起懋学故官，奏夺成国公朱希忠王爵，请召还光禄少卿岳相、给事中魏时亮等十八人。帝俱报可。寻擢南京尚宝卿。

十三年，御史李植、江东之等以言事忤执政。同官蔡系周、孙愈贤希执政指，纷然攻讦，懋学上言：

"……臣谨以臣工之'十蠹'为陛下言之。今执政大臣一政之善辄矜赞导之功，一事之失辄诿挽回之难，是为诬上。其蠹一。进用一人，执政则曰我所注意也，冢宰则曰我所推毂也，选郎则曰我所登用也。受爵公朝，拜恩私室，是为招权。其蠹二。陛下天纵圣明，犹虚怀纳谏。乃二三大僚，稍有规正，辄奋袂而起，恶声相加，是为讳疾。其蠹三。中外臣工，率探政府意向，而不恤公论。论人则毁誉视其爱憎，行政则举置徇其喜怒，是为承望。其蠹四。君子立身，和而不同。今当路意有所主，则群相附和，敢于抗天子，而难于违大臣，是为雷同。其蠹五。我国家谏无专官，今他曹稍有建白，不曰出位，则曰沽名，沮忠直之心，长壅蔽之渐，是为阻抑。其蠹六。自张居正蒙蔽主聪，道路以目，今余风未珍，欺罔日滋。如潘季驯之斥，大快人心，而犹累牍连章为之申雪，是为欺罔。其蠹七。近中外臣僚或大臣交攻，或言官相讦，始以自用之私，终之好胜之习。好胜不已，必致忿争，忿争不已，必致党比。唐之牛、李，宋之洛、蜀，其初岂不由一言之相失哉？是为竞胜。其蠹八。佞谀成风，日以寝甚。言及大臣，则等之伊、傅；言及边帅，则拟以方、召；言及中官，则夸吕、张复出；言及外吏，则颂卓、鲁重生。非借结欢，即因邀赂，是为佞谀。其蠹九。国家设官，各有常职。近两京大臣务建白以为名高，侵职掌而听民讼。长告讦之风，失具瞻之体，是为乖戾。其蠹十也。"

懋学夙以直节著称，其摘季驯不无过当。然所言好胜之弊，必成朋党，后果如其言。累迁南京户部右侍郎，总理漕储。疏白程任卿、江时之冤，二人遂得释。二十一年以拾遗论罢。卒，赠工部尚书。天启初，追谥"恭穆"。

（《明史·卷二百三十五·列传第一百二十三》）

江导岷践诺建祠

陈爱中

过去，婺源民间对当地的四大名建筑有俗语云："江湾祠堂汪口竭，方村牌楼太白塔。"其中"江湾祠堂"，说的就是江湾村的萧江宗祠永思堂，素以规模宏大、气势雄伟而闻名。

江湾村萧江宗祠永思堂，始建于明朝中叶。当时，村人萧江氏第二十五世孙、官拜户部右侍郎兼都察院佥都御史（后晋升右都御史）的江一麟，深感他们萧江氏一族，自北宋元丰二年（1079）迁居江湾以来，虽然人丁兴旺，且支繁派衍播迁于江苏、福建、浙江、广东、四川、湖北等地，可是阖村还没有一座供奉祖先、举行宗族礼仪的祠堂。为了"尊祖、敬宗、睦族"，江一麟遂于明万历六年（1578）义捐俸禄，始建了江湾萧江宗祠永思堂。对于宗祠的建筑规模，明武英殿大学士、歙县人许国曾撰文介绍：宗祠占地7亩，"垒石为基，就基为堂，前重门，后燕寝；旁夹两庑，自堂属之门垣缭四周"。清奉政大夫、休宁县人程恂也说，他曾经到江湾村观览过这座宗祠，门堂、庑寝规制宏大，超过徽州其他宗族建的祠堂。延至清咸丰年间，随着太平天国运动的兴起和发展，僻处山陬的婺源，也成为太平军与清兵交战的战场。咸丰十年（1860）十一月十七日，太平军一部在江湾村与清兵王梦麟、程永年部展开激战，导致村庄房屋被焚过半、祠堂毁于兵燹。后来，永思堂能够得以重建，与村人江导岷的一句许诺有关。

江湾村萧江宗祠

江导岷（1867—1939），字知源，为萧江氏第三十五世孙。同治十三年（1874）元旦，年仅8岁的江导岷，随嫡母王太夫人来到宗祠遗址。就在江导岷东张西望之时，他的叔祖江赞禹，从循俗聚集在祠堂遗址的族众人群中，走到他的跟前，用手抚摩着他的头问："你将来能兴复这座祠堂吗？"江导岷应答："能。"回到家中之后，王太夫人对封翁江有潮讲述了此事。江有潮开玩笑地问："你将来真的能够兴复宗祠？"江导岷依然点头应道："真能！"当时，人们都以为这不过是嬉笑玩乐的逗趣而已。可是自此以后，江导岷常独自一人来到祠堂遗址，他目睹眼前荒废颓败的瓦砾场，感触之前自己所作允诺，思绪高远。

光绪二十一年（1895），游学南京的江导岷，在族人江谦的引荐下，进入光绪甲午科状元张謇任山长的江宁文正书院，成为他的入室弟子。光绪二十四年（1898），中国维新思潮蓬勃兴起，张謇痛感近代事业人才的匮乏，特派遣江导岷转至江南陆军师范学堂求取新学，学习测量、绘图、算术、营垒、桥路等知识。修学期间，为助张謇在南通、海门二县交界处的海复镇进行垦牧，江导岷曾3次陪同张謇勘测吕四沿海一带，并约集同学测绘了《海滨荒田图》。

光绪二十七年（1901），就在江导岷从江南陆军师范学堂毕业之际，张謇创办的"通海垦牧公司"也挂牌成立。张謇自任公司总理，安排江导岷任副理。由于张謇事务繁多，所以他只掌握大的决策，而公司的具体规划、运作、经营、督导和人事等，则完全由江导岷负责。在艰苦的创业过程中，江导岷勇于任事，竭诚以赴。面对"仰唯苍天白云，俯有海潮往来"的茫茫荒滩，他率领3000名青壮劳力，以"士夫之肩皮与海潮相搏战"，筑堤围圩，开辟沟渠，蓄水洗碱，终使斥卤变为膏腴，于宣统三年（1911）成功围垦土地12万亩，年产棉花3.6万担。民国四年（1915），通海垦牧公司将已开垦好的部分土地分给股东，江导岷作为公司主持人，获得张謇赠送60股红股，在三堤分得1400亩"红田"，他又自购了600亩，共有田2000亩，号称"导耕仓"。

江导岷像

民国十一年（1922），事业有成的江导岷回到家乡，决定"践儿时之诺"，重建毁于兵燹的萧江宗祠。他安排族侄江蔼人进行资金调度，荐举族中德邵年高的江升初、江淦泉、江树滋共同负责此事，由江筠松、江碧云司账，江福霖、江席珍两人督工。次年，宗祠循基重建工程正式启动，很快完成了上梁与主体工程。新造祠堂除"尽复旧观"外，另在寝室"增楼一层，共七楹，豫备藏书，其下供将来高等族学"。这次重建宗祠，耗资银元达6万之多，全系江导岷一人"独捐积产"。祠宇告竣后，江导岷还请了许多社会名流题辞，如祠堂大门上的"萧江宗祠"四字，由原湖南布政使郑孝胥题写；

萧江氏始祖江祯灵位前的"以引以翼本支百世,宜堂宜构承叙万年"对联,摹刻清末书画家赵之谦笔迹;江湾支派祖江敌灵位前的"道德开荃子孙千亿,神明所住麟凤室堂"对联,为实业家张謇所题;"崇祀乡贤""相国世家"横匾由书法家谭泽闿题写。张謇除撰《重修宗祠记》盛赞江导岷重建祠堂之功外,还为宗祠大门题写了一副长联:

　　江氏自节度易姓以来,迭分于歙、于婺、于衢,代挺闻人,木本水源,粲乎溯兰陵八萧至昭明太子;

　　云湾因有清重儒而著,其间若胡、若程、若戴,并称世哲,泰山北斗,翕然推弄九一老继晦庵先生。

链接

重修宗祠记

"江"之系出于"萧",显汉唐齐梁之间。唐广明中,故相遘子祯避朱玫之难,迁地易姓于歙,以渡江来,遂以"江"姓,是为江之始祖。祯之子董迁婺之皋径,至八世孙进贤尉敌复迁婺之江湾,江湾之祖自此始。

敌孙致恭显于宋,晋忠翼郎;卒,为忠翼祠,顾傍于墓,犹家庙耳。其后支繁派衍,有志统宗者欲广其祠而不果。至廿五世孙一麟,举明天启间(按:实为嘉靖三十二年)进士,由卿贰开府漕河,慨然念忠翼之湫隘,不足联一本崇庙貌,因于第西百武拓地,可七亩,捐禄特建宗祠。垒石为基,前堂后寝,旁夹两庑,他门垣称是。祀主不迁之祖及诸宗,胥族中文学行谊知名里中者,各以昭穆祖祔。自是联分萃散,集孝飨之大成矣。如是者垂三百年,清洪杨之乱,不幸毁于火,闳规莫复,祠祀遂废。民国十一年,裔孙导岷独捐积产,循基重建。举族中父老升初、淦泉、树滋董其役,筼松、碧云司账,福霖、席珍督工,尽复旧观。增楼一层,共七楹,豫备藏书,其下供将来高等族学。

　　导岷吾弟子，其兴复此祠也，若有前兆。自言八龄时甲戌元旦，随嫡母王太夫人循俗登览荒祠遗址，左顾右盻，时族众咸集，叔祖赞禹戏摩其顶曰："汝将来能兴此祠乎？"遽应之曰："诺。"太夫人归述于封翁有潮，封翁复戏调之曰："汝将来真能兴此祠乎？"则又应之曰："能。"时恣为笑乐而已。自是导岷尝独自出游祠址，怅触前语，如有测度。既冠，籍学官，负笈游江宁，因谦之介，同肄业于謇所主讲之文正书院。时新政萌动，分遣弟子求应进之学，令谦入南洋公学，令导岷转学陆师，既均以高材生毕业。适謇营通海垦牧，同时创师范学校，为国嚆矢，亟招谦助校务，导岷助垦务，均艰苦相与有成。时謇以公益捐金例得奖秩，而年劳所在，移奖谦以员外郎，导岷以郎中，顾均不就。谦寻役国事，导岷相倚三十年之久，遂以俸酬所积六万圆，绳此巨武，践儿时之诺。有足纪者，故乐为之记。

　　民国十二年南通张謇撰，丹徒徐有仁敬书。

（录自黄山学院图书馆藏《徽州文书》）

江恭埙守信不渝

陈爱中

清乾隆年间，婺源江湾镇上晓起村人江恭埙，字开仲，从小攻举子业，苦读诗书，成为贡生。然而好景不长，由于家道中落，父母又体弱多病，家用屡空，日子越来越难过。为了供养父母，江恭埙不得不放弃读书，在族亲的帮扶下前往他乡经商，做起长途贩运木材的生意来。

婺源县是南宋大儒朱熹的故里，自古以来"儒风独茂"。从小深受程朱理学浸润教化的江恭埙，在创业的过程中，吃苦耐劳，克勤克俭，处处精打细算，加上他善于谋划，精通商务，尤其讲究商业道德，在商业活动中"以儒道经营"，所以生意越来越红火，不久即家业大兴。一次，江恭埙与堂弟贩运一批木材往湖北销售。排筏行驰至水深浪阔的洞庭湖中，堂弟的木排遭遇暴风袭击，几只排筏全被狂涛巨浪冲散，木材十不留一。眼看血本无归，堂弟痛不欲生大哭："天丧我也，水毁我也，这叫我今后怎么活啊？还不如死了算了。"堂弟越哭越伤心，竟然要投水自尽。江恭埙急忙将他拦住，当下好言安慰道："做生意受挫折是常有之事，为什么要轻生呢？虽然你的木材被水冲走了，可我的排筏还在呀。你不用担心，到时候把我的货款分你一半就是了。"江恭埙把木材运到汉阳府汉口镇发卖后，获利数倍，他慨然将一半银两分给了堂弟。消息传回村里，人们个个竖起大拇指，频频称赞他"慷慨仗义"。

上晓起村江氏宗祠

江恭埰还是一个常怀仁爱之心、遵循以"仁心为质"诚信经商的典型。一年，江恭埰到衢州开化县采购杉木。县内有王氏兄弟两人，早年分家时各分得一处山林，当时哥哥遵照家训"宜兄弟"中"家财要一粒一丝公平分派，更自克己，加之以让"的条规，把树木长势好的那片山林分给了弟弟，差的留给了自己。随后，哥哥及时清理林地，砍去那些长势衰弱、有病虫害的树木，并且不断造林，勤加抚育，努力提高树木单株的材积产量，自己山场的林木长势很快就超过了弟弟，木材销售的价格也年年比弟弟高出许多。弟弟对此越想越不服气，觉得是哥哥捉弄了他。于是，就连年同哥哥打起官司来，要求重新分山场。江恭埰知道这件事之后，上门劝解弟弟："经营山场，善于打理的树木长势良好，不善于打理的树木长势稍弱，这是很正常的事。《诗经》上说：'凡今之人，莫如兄弟。'兄弟敦和睦，朋友笃诚信，这是自古以来人人皆知的道理。兄弟如手足，再亲的关系也不能亲过兄弟，你可切莫因为些许小利，而与兄长闹不和甚至反目成仇。"在江恭埙苦口婆心的规劝下，弟弟终于悔悟，放弃了继续与哥哥打官司的念头。江恭埙对弟弟说："你山场树木的材质，虽然不如你哥哥的好，可我还是决定，分别用600两银子，购买你们兄弟二人的山场一样数量的杉木。"江恭埙的这一举动，令王氏兄弟俩非常感动，他们立时和好如初。这件事一传十，十传百，江恭埙的名声也就越传越大，大家纷纷盛赞他仁心经商，都愿意同他合伙做生意。

湖州府德清县有个名叫陈万年的人，携带家中多年积存下来的500两银子，主动找到江恭埙，提出要与他合伙经营木材生意。木材运到杭州府仁和县后，天有不测之风云，陈万年不幸暴病身亡。江恭埙既要为陈万年料理丧事，又要抓紧时间在市场上销售木材，忙得不可开交。最后一算总账，这次贩木共获得了3600多两银子。也就是说，江、陈二人连同用于购木的股本，每人可分到1800余两银子。

这时，账房先生对江恭埙说："陈万年现已病死，他家在德清县什么地方也没人知道，贩木的钱可以不用给他了。"

江恭埙正色说道："那怎么能行呢？我们徽商向来以诚信经营，倡扬以诚待人、以义为利，从不唯利是图，非义之财绝不取。虽然陈万年已经病死，可他做生意的钱财，却是万万不可乘机吞没的。"

账房先生接着说："要

《婺源县志》中所记江恭埙事迹

给,就归还他本金,因为这笔买卖所赚的钱,全靠东家你一个人辛苦经营。"

江恭垿摇了摇头,谆谆告诫账房先生:"千万不能这么说。当初陈万年找我合伙做生意时,双方当面约定好,这次贩运木材利益共享、风险共担。现在既然赚了钱,就必须讲信用、守诺言,把陈万年的股本和应分得的利润,一分不少交给他的家人。"

江恭垿打定主意,立即怀揣1800余两银子,只身前往湖州府德清县,四处寻访陈万年的家人,终于在一条巷弄里找到他的家门。陈万年的妻子正为丈夫不幸病亡哀伤不已,每天抱着4岁的儿子哭哭啼啼,发愁以后的日子如何度过。江恭垿说明缘由后,随即将1800余两银子一分不差地交给了陈万年的妻子。陈万年的妻子接到这笔重金,一再拜谢江恭垿,激动地说:"大好人啊!你可是救了我们孤儿寡母的命啦!想不到江老板如此轻财重义,如此守信不渝,千里迢迢亲自把钱送上门来,难怪当今徽商信誉名满天下。"她一定要把其中的一半交还给江恭垿作为酬谢。江恭垿坚辞不受,说道:"这是我应该做的事,我哪能接受你的银子呢?你还是用它做一点小本生意,养家糊口,好好把孩子培养成人吧。"街坊邻里赶来看热闹的人,面对江恭垿的诚信之举,无不叹服。

光绪《婺源县志》上记载说,江恭垿生平好读纲鉴,无论是在市场还是随同排筏督运,均手不释卷。这哪里像一个商人,完全是一位书生的形象。所以当时熟悉他的人都说:"江恭垿虽商也,而实非商也。"

链接

江恭垿

江恭垿,字开仲。贡生。晓起人。慷慨仗义。尝购木开化,有王姓兄弟各分一山,兄木价赢于弟,连年构讼。垿戚然晓弟以大义,亦购其木六百金,价与兄等,弟兄感之,式好如初。德清有陈万年者，与埧合贾。年死仁和，子才四岁，埧检市籍，并年应得子母千八百余金，亲致其家，谢以金弗受。生平好纲鉴，市肆中亦手不释卷。

(清光绪《婺源县志·卷三十三·人物十·义行五》)

使金被拘诚不悔

陈爱中

朱弁（1085—1144），字少章，号观如居士。婺源人，为南宋理学大师朱熹的叔祖。朱弁从小颖悟过人，日读书数千言；青年进入太学，晁说之（北宋文学家，官至徽猷阁待制兼侍读）见其诗作，惊叹于他的才学，特将兄长的女儿嫁与他为妻。

北宋靖康元年（1126）十一月，金兵南侵，攻陷宋朝都城汴京（今河南开封），将徽宗赵佶、钦宗赵桓二帝俘虏北去，北宋遂亡。当时，康王赵构（徽宗第九子，钦宗之弟）正受命任河北兵马大元帅，拥兵万人在外。于是，宋朝的旧将臣便拥他为帝。翌年（1127）五月初一，赵构在南京应天府即帝位，改元"建炎"，史称"南宋"。这年冬天，高宗赵构计议派遣使者前往金朝，探望被羁押在金朝的徽宗、钦宗二帝并与金谈和。当时，金军仍在不断南侵，连克州府，刚刚建立的南宋王朝岌岌可危。显然，在这种形势下到金朝去谈和，肯定凶多吉少，故而满朝文武百官，愿意前往之人寥寥。就在此刻，太学生朱弁挺身自荐，主动请缨。高宗旋即诏授朱弁为候补修武郎、右武大夫、吉州团练使职，充当河东大金军前通问副使赴金。

建炎二年（1128）正月，朱弁随通问使王伦同赴金朝，在云中（今山西大同）向金朝西路军统帅粘罕说明来意。粘罕对于朱弁等"释放二帝、停止南侵、与宋修好"的恳切要求，非但置之不理，反而将南宋使者全部拘禁起来。朱弁大义凛然，不断呈书力言用兵与讲和的利害关系。绍兴二年（1132），金朝派人来说可考虑与宋议和，允许被扣留的使者派一人回奏南宋朝廷，要王伦和朱弁自己决定去留。朱弁毅然表示："我既然自愿出使金朝，原本就已准备以死报效朝廷，哪里还曾心存侥幸，指望先行回去？现在既然有此机会，但愿正使回去禀告天子，只要能缔结金与宋的友好关系，那么即使我的尸骨显暴在外，也永远感觉像活着一样。"在他的坚决推让下，王伦同意先行返回南宋。

王伦临行前，朱弁请求他把印信留下，并坦诚地说："自古以来，使者以朝廷符节作为凭证，今日你持节还朝，希望能把印信留在我身边，无节而有印，印信也是凭据。我身在异邦，若有意外之辱，愿抱印以守节，死也瞑目。"王伦含泪授印。朱弁视印为生命，把它藏在怀里，日夜不离。

当时，南宋许多官员投降变节，叛臣刘豫降金后，被金朝统治者扶植为伪齐政权傀儡皇帝。王伦走后，金人威逼朱弁去做刘豫的官员，并引诱他说："这是你南归的第一步。"朱弁坚决拒绝，严词斥责道："刘豫是卖国贼！我恨不得吃他的肉。向他称臣，我宁愿死。"金人恼羞成怒，竟以中断食物供应来逼他就范。朱弁立志为国家和民族尽节，甘愿忍饥待毙，誓不屈从。过了一段时间，金人又诱逼朱弁到金朝去做官。朱弁正气凛然道："自古两国交兵，使者处在中间，使者的话可以听也可以不听，甚至可以关押他或者杀掉他，何必让他变节为官呢？我受命于大宋朝廷，如果要我变节，今日就只有一死而已。"他当即写信向续任正使洪皓诀别："我如遭不幸，也是命中注定，一定舍生以全义。"随后，朱弁备下酒菜，召集与他一起被拘禁的官员共饮，席间朱弁说："我已看好近郊寺庙旁的一块墓地，一旦我毙命报国，烦请诸位就把我埋在那个地方，墓碑只要题上'有宋通问副使朱公之墓'就行了。"众人低头暗暗流泪，他却谈笑自如，说："这是为臣者应该做到的，大家何必伤悲呢？"金人见朱弁始终忠贞不渝，无可奈何，也就彻底放弃了逼他归降的念头。

朱弁被拘金朝期间，富贵不移其心，威武不屈其志，时时不忘为国效忠。绍兴七年（1137）十一月，朱弁得知金朝的粘罕等相继死去，便将探得的相关情报密奏南宋朝廷，并说这是不可错失的好时机。但是由于主和派秦桧的阻挠，赵构没有利用这次本可北伐的大好机会。

直到绍兴十三年（1143）秋，在南宋和金朝签订《绍兴和议》之后的第三个年头，被金扣留了16年的朱弁，方与洪皓、张邵等官员得以获释归宋。在赵构召见他们时，朱弁仍忧心忡忡地对皇帝说："陛下今虽然已经与金人讲和，但金人诡诈之心不能不多加提防。如果时机成熟，盼望陛下还是要尽早规划收复山河的大计。"说完还将自己在金朝得到的六朝御容、宣和御集书画，一起献给朝廷。同时，上书陈述忠臣义士朱昭、史抗、张忠辅、高景平、孙益、孙谷、傅伟文、李舟、五台僧宝真、妇人丁氏、晏氏、小校阎进、朱绩等死节的事迹，提请朝廷予以褒录，并疾呼："忠臣报国之志获得伸张，则死者光荣，为国效忠的正气也必然上升。"

为表彰朱弁坚贞守节，高宗颁布诏书，称朱弁"奉使岁久，忠义守节"，并特赐券金千缗。

链接

朱　弁

朱弁，字少章，徽州婺源人。少颖悟，读书日数千言。既冠，入太学，晁说之见其诗，奇之，与归新郑，妻以兄女。新郑介汴、洛间，多故家遗俗，弁游其中，闻见日广。靖康之乱，家碎于贼，弁南归。

建炎初，议遣使问安两宫，弁奋身自献。诏补修武郎，借吉州团练使，为通问副使。至云中，见粘罕，邀说甚切。粘罕不听，使就馆，守之以兵。弁复与书，言用兵讲和利害甚悉。

绍兴二年，金人忽遣宇文虚中来，言和议可成，当遣一人诣元帅府受书还。虚中欲弁与正使王伦探策决去留，弁曰："吾来，固自分必死，岂应今日觊幸先归。愿正使受书归报天子，成两国之好，蚤申四海之养于两宫，则吾虽暴骨外国，犹生之年也。"伦将归，弁请曰："古之使者有节以为信，今无节有印，印亦信也。愿留印，使弁得抱以死，死不腐矣。"伦解以授弁，弁受而怀之，卧起与俱。

金人迫弁仕刘豫，且訹之曰："此南归之渐。"弁曰："豫汝国贼，吾尝恨不食其肉，又忍北面臣之，吾有死耳。"金人怒，绝其饩遗以困之。弁固拒驿门，忍饥待尽，誓不为屈。金人亦感动，致礼如初。久之，复欲易其官，弁曰："自古兵交，使在其间，言可从从之，不可从则囚之、杀之，何必易其官？吾官受之本朝，有死而已，誓不易以辱吾君也。"且移书耶律绍文等曰："上国之威命朝以至，则使人夕以死，夕以至则朝以死。"又以书诀后使洪皓曰："杀行人非细事，吾曹遭之，命也，要当舍生以全义尔。"乃具酒食，召被掠士夫饮，半酣，语之曰："吾已得近郊某寺地，一旦毕命报国，诸公幸瘗我其处，题其上曰'有宋通问副使朱公之墓'，于我幸矣。"众皆泣下，莫能仰视。弁谈笑自若，曰："此臣子之常，诸君何悲也？"金人知其终不可屈，遂不复强。

············

十三年，和议成，弁得归。入见便殿，弁谢且曰："人之所难得者时，而时之运无已；事之不可失者几，而几之藏无形。惟无已也，故来迟而难遇；惟无形也，故动微而难见。陛下与金人讲和，上返梓宫，次迎太母，又其次则怜赤子之无辜，此皆知时知几之明验。然时运而往，或难固执；几动有变，宜鉴未兆。盟可守，而诡诈之心宜嘿以待之；兵可息，而销弭之术宜详以讲之。金人以黩武为至德，以苟安为太平，虐民而不恤民，广地而不广德，此皆天助中兴之势。若时与几，陛下既知于始，愿图厥终。"帝纳其言，赐金帛甚厚。弁又以金朝所得六朝御容及宣和御书画为献。秦桧恶其言敌情，奏以初补官易宣教郎、直秘阁。有司校其考十七年，应迁数官。桧沮之，仅转奉议郎。十四年，卒。

弁为文慕陆宣公，援据精博，曲尽事理。诗学李义山，词气雍容，不蹈其险怪奇涩之弊。金朝名王贵人多遣子弟就学，弁因文字往来说以和好之利。及归，述北方所见闻忠臣义士朱昭、史抗、张忠辅、高景平、孙益、孙谷、傅伟文、李舟、五台僧宝真、妇人丁氏、晏氏、小校阎进、朱绩等死节事状，请加褒录以劝来者。有

《聘游集》四十二卷、《书解》十卷、《曲洧旧闻》三卷、《续骩骳说》一卷,《杂书》一卷、《风月堂诗话》三卷、《新郑旧诗》一卷、《南归诗文》一卷。

(《宋史·卷三百七十三·列传第一百三十二》)

彩虹桥上铭恩德

胡兆保

南宋时,婺源清华镇有个小贩叫胡永班,林坑寺有位僧人叫胡济祥,二人都是上街折角祠仁德公的后裔。今日已成为旅游景点的清华镇彩虹桥,就是他俩筹资牵头建造的。

胡永班家住在上街桥头,那时河边只有一座木桥,清华镇上街的农夫下田劳作,上山砍柴,甚至舂米打碓,都要经过他家门前的木桥。木桥又窄又长,雨雪天气行走很不方便。这里又是北乡数十个村庄来清华、过屯溪的必经之路,出外做生意的、就学赶考的、进山采购办货的,士农工商,妇孺老少,来来往往,每日行人不断。有一年冬日,一位农妇过河去菜园种菜,被桥板上的厚霜滑倒,险些掉下河去。胡永班看在眼里,忧在心上,所以一到冬天,不管有无霜雪,他一准早早起床,拿起扫帚,径直上桥清扫。从木桥对岸,沿桥一直扫到这边桥头,再沿石板路扫到仁德祠。遇有积雪或霜冻天气,更是扫一路铲一路,边铲边扫,小心翼翼,不敢懈怠。就这样,年年岁

胡永班像

岁，日日清扫，即使身体有病也从不间断，一扫扫了26年。自此以后，清华上街木桥干干净净，即使霜雾天、雨雪天也从未有人滑倒了。

胡永班每天早出晚归做生意，几乎每天都要与木桥为伴，但每当河上发大水，木桥就被冲垮了，交通中断，非常不方便。胡永班暗暗发誓，一定要在这里建一座冲不垮、霜雪不滑的大石桥。清华河河面宽，水又深，要想在这里改建石桥谈何容易！但他意志坚定，心想千难万难，自己先不能惧怕困难。

为了实现心中的诺言，他默默付诸行动，一边起早贪黑做生意攒钱，一边抽空像蚂蚁搬家似的挖砂备料，并把材料运送到桥头。还雇人采集石料，用独轮车一车车运到桥边。

林坑寺的胡济祥也有在上街建造石桥的想法，听说胡永班要动手建桥，便匆匆赶来与胡永班商量。胡永班说："建桥铺路是千秋大计，不造则已，要造就造个像模像样的大桥，要牢固，不怕洪水，还要架设廊亭，能避风遮雨。"胡济祥大声叫好，说："好！修桥铺路，造福子孙，泽被乡里，我全力支持，化缘募捐我全力以赴。"

胡永班、胡济祥的义举，也感动了清华镇的胡氏宗亲，仁德堂的宗亲很快行动起来，纷纷募捐赞助，三门祠、崇礼堂、花祠堂的宗亲也不甘落后，有钱的出钱，有力的出力，街上的商家纷纷慷慨解囊。

上街桥建造工程正式开工了。仁德堂的宗亲请来手艺高明的石匠，清华镇本地的木匠也主动请缨做义工，上街的农妇也抽空到工地烧水打杂。工地两岸，锤声叮当，人声嘈杂，水声哗哗，十分热闹。没多久，4座厚重的青石桥墩耸立在河道中间，接着架设廊亭，建桥梁，铺木板，将高低错落的11座阁亭连接，形成廊桥。

上街廊桥落成竣工后，仁德堂的秀才们磋商酝酿，决定袭唐诗"两水夹明镜，双桥落彩虹"之句将桥命名为"彩虹桥"。彩虹桥全长140多米，宽3米，桥墩与桥墩之间皆以木梁横架，木椽青瓦结顶，廊亭两侧有围栏和长凳供行人观赏憩息。桥墩前端呈尖状，俗称"燕嘴"。4座桥墩宛如4只飞燕将头伸出桥廊，似欲昂首搏击长空。"燕嘴"的实用功能是避让上游的洪水，可大大减少洪水季节来势汹汹的激流对桥墩的冲击。"燕嘴"墩上植绿草花卉，墩尾是粉墙阁亭，亭中设石凳石桌。桥上还设茶水方便行人。盛暑季节，此间河风习习，绿波送爽，是纳凉歇晌的好去处。

清华镇后人为了纪念胡永班、胡济祥建造彩虹桥的功绩，在桥中廊亭设立神龛，将他俩的神像摆放在治理洪水有功的禹王左右，世代缅怀不忘。

链接

胡 永 班

我族永班公者，性质朴，一切纷华靡丽之事，心概淡焉。其所好在德，德之最著，其在于上市彩虹桥。我朝国初间，桥旧，徒杠往来之人，日以千百计，冬间常苦霜滑，兢兢焉有恐坠之意。公独怜之，每于旦明时，执帚亲扫，以便人行，历十七年，未有间者。尝恨囊涩，不克独造石桥，因思众擎易举，首出募焉。数年间，披星戴月，朝出暮归，艰难备历。虽饥寒有所不计，不足者鬻产成之。及告竣，公鼓掌笑曰："吾愿遂矣！"至今里人赖之，立主以祀。嗟乎！人之朝夕营谋者，大抵置田园、造堂构，为子孙计者，周且密矣。未几而田为人耕，屋为人居，向之焦劳，不稍懈者，而子孙皆不之惜。孰若此之桥，历数百年而巍然，跨烟波以济往来，耸亭台以栖车马，为人称道不衰。履此桥而思其人，思其人而缅其德，则公之为公，将共此桥而千秋万世矣！

彩 虹 桥

本里彩虹桥，始仅木桥，溪暴涨辄坏。班家桥侧，幼贫负贩供亲，尝出暮归，桥崩不得渡，誓易木以石。每霜雪板滑，为行者病，夜披衣起躬扫除，如是者二十六载。既果，协建石桥，桥圮复修，比成疾作，籍赢余，手致之同事，曰："吾志毕矣！"遂没。

(《清华东园胡氏勋贤总谱》)

程玉贵诚信传家

胡兆保

婺源有一个叫程玉贵的老徽商，清中期在天津做茶叶生意，儿子程仲祥继承父业也到天津经商。子承父业，红茶、绿茶样样经营，生意渐渐红火起来。

谁知天不遂人愿，程仲祥到天津没几年便一病不起，没过多久便离世了。白发人送黑发人，程玉贵痛心疾首，欲哭无泪。

程玉贵悲切切回到婺源，这时他已70余岁。为了维持产业，程玉贵只好送12岁的孙子程德财去天津当学徒，学做生意。担心孙子

天津津门故里

初出远门难成大器，于是常常写信，千叮咛万嘱咐，教他如何诚实认真做事，怎样守信踏实做人。

这天，有位回乡探亲的茶商要返回天津，问程玉贵可有书信要捎带。其实，上月同村的程佑国去天津，程玉贵就已经托带了书信，本不必再写信了。但是，程玉贵仍感到忧虑不安，忙说："上月已捎去一封信，我再写几句，麻烦你带去。"

当晚，程玉贵点燃油灯，取砚磨墨，铺开信纸，羊毫笔沾满墨水，写道："德财吾孙，上月二十一日，我里程佑国来津，我付一信于你，想必接读，知道家中平安，免你挂念矣。"刚写了几句，便顿住了。

他想来想去，尽管有些话已经反复提了多次，但孙子才12岁，初出茅庐，又远离家人，"学好千日不足，学坏一日有余"，还是要多多提醒，自己多年经商的经验体会对孙子来说总归是有用的。于是他斟酌下笔，恨不得把一生的经验教训都倒出来，让孙子增长些见识。想到这里，程玉贵笔下话多了：

> 现将贾之不利者，为你历陈之。从来父兄安置子弟出门，无不望其学出生意，赚积银钱，成家而立业也。而子弟往往不能负父兄之所望，非尽天资质愚鲁，命运蹇厄，盖有由也。初为徒弟时，不听教训，不遵约束，甚至鬼混，窃取财物，致使主人不悦，就以二三个字"你走吧"打发了你。若遵教训，听其约束，而又不能成立者，是由于好高一念，买卖略晓，就不甘为人役，便思自行开店，恳托亲友，赊贷货物，另行作卖。讲排场，扯架子，只图生意热闹，炫人耳目，不问本钱多少，损己囊橐，长此以往，赊来货物，追讨逼迫，定难容身，势必穿麦秆草鞋，为月下走客矣。

程玉贵又想到原在他店里的一些伙计，初入都市，不知天高地厚，有的三年学徒期未满，刚攒了点资金，就想"走水"开店；有的不愿吃苦，赚了一点点钱，就想逍遥快活。于是谆谆开导说：

又有的有些小资本，就想"走水"开店，不问赚钱否。由于好穿新衣，以求华丽，饮食必求肥甘，贪口入腹。甚至不肖，肆意放荡，娱情青楼，将所得蝇头小利，尽消耗在嫖、赌、瞧、游四字中矣。安能望一而积十，十而积百，百而积千而累至上万、千百万而为大贾哉？古俗云：难上一百而成千万，不过教人积本，本大利大也。

学做生意，先要学做人。程玉贵想到同村有个叫程仁济的后生，出外不好好学生意，却沾上了嫖赌等恶习，到头来身无分文，无脸面回家，只能落魄他乡。人啊，钱赚多赚少不要紧，可嫖赌恶习万万沾不得啊！想到这里，他忧虑起来，又蘸着墨水，写道：

至于做人，必须守信诚实，更不该犯嫖、赌、瞧、游四字，纵使命运不济，生意做败，犹有仁人义士怜悯扶持，譬之枯木逢春，迎风复发也。不然借贷无门，赊扯无路，自己身口且不能自给，安能有银钱寄家，上养父母而育子女哉？斯时也犹如流水下丘，挽下而上，实难之难也。故里程仁济为何落魄他乡，自上年未及细算，而又犯上所述四字之错，斯有临渴掘井，则徒劳也。凡事未雨绸缪，事先做好准备。

大凡起家之人，易于成业者，盖衣食器用，吉凶百费，一切省俭。故古人曰：成家者量入而出，所以能有余积也。窃观今之商贾，多数未富其家却先富其身，长此以往能有积余？能有成大业者乎？

吾年已古稀，阅历多矣，他族勿论，即以本族程德胜等人验之，皆起于无本，而勤俭至富也。吾长篇书信示你从事，斯语则有益汝终身。若视为老生常谈，或曰不听，则误一生，至嘱，至嘱。

程德财接到祖父的书信后，非常感动，一直谨遵祖父教诲，诚实守信，勤奋努力，后来终成富商。

寻访程德财资料时，意外发现另一个少年徽商的故事，说大畈村有一个汪启逊，他与程德财一样，12岁就去休宁海阳学做生意，他干活勤快，忠诚老实，他常对人说："食人之食，当忠其事。"这一句朴素无华的实在话，让许许多多研究徽商的学者感慨不已。

读了程玉贵的书信，再寻思汪启逊"食人之食，当忠其事"的实在话，这些"前世不修，生在徽州"的少年，学做生意，小小年纪就懂得"诚信""感恩"这些做人的道理，也许，他们之所以能如此"老成懂事"的个中原因就不难解释了。

链接

程玉贵写信教孙

清代，徽州府婺源县人程玉贵，年少时随同亲友在天津经营茶叶生意，年老归里。他的儿子程仲祥继承他的家传，继续在天津经商。可是人生难料，程仲祥刚到中年，就患了一场大病，撒手西归了。程玉贵痛心至极，为了维持家业，只好派他的孙子程德财再到天津去经商谋生。由于程德财年小，程玉贵放心不下，就常常写信给他，教他如何经营，如何管理自己，如何成家。其心诚恳，其言恳切。

（汪修熙《老徽商教孙书》）

戴振伸守诺修闸

胡兆保

清道光年间，大兴会馆的董事委托戴振伸筹划修建丹徒的横闸和越闸，并疏通唐河孟河的河道。他欣然应允。

戴振伸，清华镇梅泽村人，常年在苏州一带做木材生意。苏州古时称吴，又有姑苏、吴中、吴门等别称。明清时期，这里是全国著名的丝织业中心，木材需求量很大。苏州运河岸边，若是看到长长的木排靠近河岸，那里十有八九便有"业木姑苏"的婺源木商。

戴振伸经常从水路前往苏州，他聪明干练，对运河一带的水情、气象、弯道都一一洞悉，了如指掌。在当时，京杭大运河是我国仅次于长江的"黄金水道"，婺源木商销往镇江、常州、无锡、苏州等地的木材，多经运河转运四处销售。

丹徒县的江口在镇江边上，是长江木材转经运河北上和南下的必经之路。江口的横、越二闸经常倾坏，商船木排来来往往，若是遇上水势横流，非常危险。有些人便把水闸损坏的责任推到木商的头上，清人陆献道："（丹徒）横闸之坏，非坏于官，实坏于徽州之木商也。"他认为："数十年前，木筏由常州之江阴进口，后以江阴路稍远，改由镇江大闸口而入。当京口粮船正在开行时，木筏齐停镇江口，俟粮船开毕，然后入大闸。至今镇江之西门外江口，土人谓之排湾。排湾者，木排湾船之所也。不知何年擅入横闸，横闸金门狭而长，闸底又深，木排之大，不足以容纳焉。且口门西向，潮水西注，而木排入闸，碍于闸左臂之伸长，转折不便。故在修闸之时，施其诡计，朦溷经营，而横闸遂成变局，再坏再修，再经营而变为有闸不如无闸之局矣。"

横闸经常毁坏，与木排日益增多固然有关系，但如果全归责于木商，显然有失公允。

戴振伸对横闸的情况，最有发言权，因为他常年在这一带贩运木材，曾一次次出没镇江水域，对河道以及水闸损坏的原因了如指掌。不过，他早有自己的打算，不愿跟人打口水仗。同乡会馆的董事委托他筹划修建丹徒的横闸和越闸，并疏通唐河、孟河的河道时，戴振伸欣然应允，并称即便他的木排不从这里经过，也愿意出头来操办此事。

工程上马了，戴振伸一心扑在工地上，兢兢业业，乐此不疲。几笔看好的生意，他因无暇顾及而放弃了。工程资金有缺口，他没工夫等待，悄悄自己垫补上。

戴振伸重承诺，守信用，既然应允承诺，就要言而有信，奋然为之。经过一段时间紧张劳作，水闸工程顺利完工。丹徒江口的横闸、越闸如期修建完好，镇江唐河、孟河等沿途河道也全部疏通。自此以后，船只和木排来来往往，安全稳当，如涉平地。

戴振伸因主持修建二闸工程功绩显著，由镇江知府奏报朝廷，朝廷诏旨嘉奖，并赏给戴振伸从九品官衔。

后来，戴振伸见南北通衢要道杨泾桥损毁多年，又邀集志同道合的商人捐款修建。杨泾桥修复后，当地民众人人称颂。

链接

戴 振 伸

戴振伸，字达成，梅泽人，从九衔。素业木姑苏，资禀奇异，洞悉江河水势原委。丹徒江口向有横、越二闸，倾坏后水势横流，船排往来累遭险恶。道光年间，大兴会馆董事请伸筹划二闸，并挑唐、孟二河。比工告竣，水波不兴，如涉平地。董事为禀镇江府宪，申详大宪，题奏奉诏，旨赏给从九议叙。又，杨泾桥为南北通衢要道，倾圮有年，伸邀同志捐修，行旅至今利赖之。

（民国《婺源县志·卷四十·人物十一·义行六》）

俞嘉树传医济世

胡兆保

一句"为人子不可不知医"的允诺,一条"不为良相便为良医,医能活人能安人,与良相同功也"的家训,造就了婺源思口镇西冲村俞嘉树祖孙四代良医。

俞嘉树祖孙四代居乡从医,代代以诚待人,悬壶济世,守信不欺,救人无数,成为妇孺皆知的中医世家,传为远近闻名的乡间佳话。

俞嘉树,字涧清,号鹤田,因排行老五,人尊称其"五爷"。俞嘉树自幼聪敏,6岁时父亲去世,母亲含辛茹苦把他抚养长大,他对母亲非常孝顺。母亲年老多病,寻医困难,有次母亲病得厉害,遍请良医诊治皆无效果,他慨然叹道:"为人子不可不知医。"从此便潜心学医。他四处寻找各家医著方书,朝夕研究岐黄之术,凡《灵枢》《素问》等根柢之书,莫不钻研,且深究领悟,唯恐误人。他考虑到乡下药材短缺的状况,亲自外出采购药材,亲手加工炮制,不久医名遂振,求医者接踵而至。为了救治患者,他坚持有求必应,不畏寒暑,不论远近,不较诊金,患者无不由衷感激。

俞嘉树深深懂得,药须精制,分量要准,否则耽误病情,甚至祸害人命。于是决定开设药店,制药严格要求,用药谨慎精良。药店取名为"颐寿堂",意蕴悬壶济世,为的是颐养一方百姓,俾共登仁寿之域。当时,浙岭北边有个叫杨林湾的地方,是婺源通往徽州府的必经之地,但却缺医少药,当地有位詹姓名士与俞嘉树关系很好,希望他在杨林湾开家药店。俞嘉树听从了詹姓朋友的建议,在杨林湾开设药店,并坐堂看病,当地百姓十分感激。后来他又在龙山开设药店。龙山是婺西南通衢之地,当时这里常发疫病,俞嘉树开设药店后,延治无虚日。

令人称道的是,俞嘉树每发现药材不甚鲜明或变色变味,不管多少,不问价钱,全部倒掉,从不考虑经济得失。他说,要存济人救世之心,宁可亏本也不能谋不当之利。俞嘉树虽开店多年,但与其他行业的商家相比,他获利微薄,再加上贫穷者看病不取分文,有的甚至连药材的本钱都不收,所以他自始至终并不富裕。

俞嘉树育有三子,二儿子俞汉宗继承父业悬壶济世,他10岁随父亲学徒,苦读药典医学,用心体察名家医案。他说:"读古人的医著,要学而致用,掌握其精粹。"邻村一妇女体弱恶食,停经数月,初诊于某名医,说她经阻,让她服用攻破剂。后继诊于某世医,又说她寒凝气滞,让她服用湿通方。最后找到俞汉宗,诊断认定她怀有身孕。让她服用了安胎药,数月后果然产下一子。

俞汉宗中年时,因胞弟早逝,他将儿子俞尚群、俞仲群和侄子俞显群、俞纪群一同养育并授以医业,直至立业、完婚,各自成家。俞汉宗顾全大局,负担沉重,故生活十分节俭。他衣着简朴,不吸烟,不沾酒,家中如有剩菜,加点水倒在自己碗里全部吃掉,从不浪费。他50岁时,很多人劝其设宴祝寿,他不以为然,于1915年出资在西冲去高仓的村头建了个路亭,题名"思源亭",亭边凿一水井,供来往行人和耕作农夫歇息解渴,以赎行医中恐有误人之处。

俞汉宗长子俞尚群,次子俞仲群和两个侄子俞显群、俞纪群,是俞嘉树孙辈即俞家第三代中医。他们聪颖好学,医术高明,学养深厚,脉理、治药均很出色。俞尚群以脉理、处方见长,且热衷于村里的公益事业。民国十四年(1925)西冲第四次修谱时,俞汉宗被推为总理事,俞尚群当其助手,负责联络著文,与父亲一起住在祠堂4个多月,赢得族人好评。俞仲群从小随父学习中医,学成之后,在家乡为百姓服务,兢兢业业,遇有出诊,风雨无阻。1949年,俞仲群应聘在婺源县城乾元药店当坐堂医生。1957年婺源县委统战部安排一批中医师去国营药店工作,俞仲群幸被选中,分配在思口药店。俞仲群待人和蔼,看诊认真,处方用药擅用汉代医圣张仲景方。张仲景方被后世称为"经方",后世医家所创的方剂则称"时方"。当时一般中医师用"经方"的不多,因用"经方"须辨证明确,而药物配伍严谨,用之得当则效果立竿见影,如稍有不妥,药物反应也很明显。俞仲群对"经方"运用自如,得心应手,深得医家和患者的赞誉。

俞同欢是俞尚群之子,他先后在龙山等地开药店,坐堂看病。

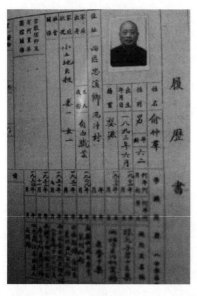

俞仲群的履历书

俞金欢是俞显群之子,从小随伯父俞仲群学医,又先后在高仓何子勋、考水汉璋名中医药铺当学徒学医,先在考水开药铺坐诊,后迁至查木桥及思溪颐寿堂,开药铺兼行医,晚年回西冲村在家中设诊。俞金欢擅长妇科和儿科,据说当年曾有一重病患者,服下他一剂药后病情即有好转,因此盛名远扬。不仅附近乡县患者慕名前来求医,连上海、北京等地的求医者都千里迢迢寻访到西冲村。

南京有位叫胡质孚的老先生曾这样评价俞金欢,说:"先生探研岐黄,深得各家微言奥义,肱经三折,堪称良医,妙手回春,壶天济世。其历症多年,必有奇方,可以传人,可以寿世。兹当颐寿堂创设于思溪,诊脉处方,菊井活人,斯亦吾乡之卢扁耳。"俞金欢病逝后,生前好友作挽联赞道:

阐岐黄脉象精微,一剂回春称妙手;
传卢扁医学奥蕴,八方沾泽仰高风。

这些饱含深情的赞誉,其实也是对西冲村这一诚信悬壶济世的中医世家中肯的评价。

链接

俞嘉树

公讳嘉树,字涧清,号鹤田。母疾,食不甘味,寐不安席,和衣而卧。家居常以礼法,自持取文公家礼,手辑一卷,以遗子孙。……后以母病日剧,遍请名医迄无效,因慨然曰:"先贤有言,不为良相当为良医。良相,命也,不可必得;良医,可学而至。"遂潜心岐黄之术,凡《灵枢》《素问》,以及根柢之书,莫不毕究尤深。服于医学心悟惴惴焉,唯恐误人。又谓有医无药亦无功,更精研于雷公炮制之法。凡近邻病症,前辈医方,莫不深求原委,历炼而试验之,颇有心得,医名遂振。因购药于家,以便调治,颜其堂曰"颐寿堂"。……凡药不甚鲜明,而变其色味者,悉弃诸河,虽亏析资本而不惜,惟恐误人。

(《西冲俞氏宗谱·卷十四·鹤田公行状》)

中医世家

我的祖父崇瀜,字汉宗,乡人称他"汉宗先生"。祖父随曾祖父学习医学知识,熟读名家医案,子承父业。祖父在行医生涯中始终信奉百家者流,莫大于医,而医莫先于脉。因此,他把脉精准,扬名乡里。我家第三代中医,即祖父的两个儿子尚群、仲群和两个侄子显群、纪群。他们四人,均以传承祖医为职业。堂兄同欢、合欢、金欢,都随父辈学过医,属我家第四代中医。1949年,颐寿堂拆股后,同欢带上伯父和我父的两份股业,在龙山开一药店,后因同欢病故,药店倒闭。显群的儿子金欢,在中医世家的熏陶下,先后师从高仓何子勋、考水胡汉璋两位名中医。父病故后,金欢把高仓药店迁至西冲,并续名颐寿堂。金欢在几十年的医疗实践中,特别精于妇科、儿科癫痫治疗，不仅附近乡县，还广及上海、北京，求医者络绎上门。南京胡质孚老先生这样评价金欢："先生探研岐黄，深得各家微言奥义，肱经三折，堪称良医，妙手回春，壶天济世。其历症多年，必有奇方，可以传人，可以寿世。兹当颐寿堂创设于思溪，诊脉处方，菊井活人，斯亦吾乡之卢扁耳。"

（俞芷苓《观稼庐忆旧·我家五代中医》）

胡从政允诺修谱

胡兆保

明初婺源清华镇商人胡从政，字尚仁，常侍胡氏第十七世孙，状貌魁梧，神清髯美。胡从政幼时家贫如洗，父亲因受所谓"俞序班之祸"牵连而遭牢狱之灾，母亲拉扯他长大。他18岁入赘江家，后出外做生意，生活渐有好转，两年后才将妻子迎娶归门。

有一年，胡从政做粮食生意，运粮去山东德州，当时"靖难之役"爆发，烽烟四起，德州一路全是厮杀的战场，生意伙伴听说北方战乱，一个个半途退缩了，胡从政只好独自冒着危险把粮食运到目的地。后来族兄胡礼用运粮30石到德州，与胡从政一起贩运杉木，不过数年就发了财。

永乐七年（1409），胡从政父亲死于狱中，胡从政出头将父亲遗骸运回，与母亲合穴安葬，族人对他的孝道称赞有加。胡从政继母有个儿子叫张奴，不顾情义，成天吵着要分家。虽胡从政与张奴无血缘关系，但他心胸坦荡，从不与其计较，一让再让，后来干脆放弃了祖业遗产的继承，大家都夸胡从政讲义气。

景泰元年（1450），年已74岁的胡从政翻看族谱，发现清华胡氏自宋元时期就编修族谱，但都是手写本。他担心这种手写本的族谱如果被人假冒或被不肖子孙欺世盗名，将会出现"宗而不宗，不宗而宗"的乱象。再者族谱已数十年未曾编修，如何叙彝伦？于是他决心牵头编修族谱。在胞弟胡礼道（字尚德）鼎力帮助下，大家同心协力，历经三年，一部记录宗族源流、世系表序的家谱终于编纂完成，清华胡氏千载谱系各支各派皆清楚可鉴。接着，胡从政又"出己重资，绣梓统谱"，使清华胡氏宗谱成为第一部用木活字排印的刻本，"成一族煌煌巨典，以昭示后世"。

《清华东园胡氏勋贤总谱》

此后，清华胡氏家族遵照道存公关于"谱牒宜实焉，非族莫扳援；三代一修葺，七世复起迁"的"谱牒训"，相继编修了家谱、族谱、宗谱。胡从政后裔于民国六年（1917）续编《清华胡仁德堂续修世谱》27卷，首1卷末1卷，现完好保存在村民家中。这部仁德堂木活字排印本，谱分10册，每册皆编字号，分别为"金、紫、宗、祊、远、银、青、世、泽、长"，连起来实为一幅五言对联，表明本支胡氏家族系唐后期金紫光禄大夫胡瞳、银青光禄大夫胡学之后裔，源远流长，并寄托着以后还将永远繁衍、发展的希望。同时，每册编作字号，可以防止私谱冒宗，还加盖"胡真学记"的印章，又有"胡氏仁德堂裔孙珍藏毋贻非族"的家族藏书章。该谱印制了30部，按照"仁著一方振，安定家声谨。绍箕裘惟永，德垂奕代遗。清华善俗敬，陈俎豆常新"的字号，分发到各房各家，并在谱中作了记录。谱中还记录了6种草谱的字号（智、仁、圣、义、忠、和）和分发的情况。草谱有6种之多，说明在修谱的过程中曾有6次修改。编修者之一的胡启髦在序言中叙述了十七世祖胡从政修谱的历史,说宋元时期所修的谱都是手写本,至明初,十七世祖尚仁(胡从政)、尚德(胡礼道)兄弟重修宗谱,并花重金刊印。至清初,清华胡氏支派益繁,迁移日多,"以一本散为万殊易,集万殊统于一本难",三续宗谱,包括这次已是第四次续修了。

胡从政允诺编修家谱、其后裔传承家训又多次续修世谱的事迹,在清华胡氏宗亲中一直被誉为佳话,并将代代相传。

链接

胡 从 政

清华,古巨镇也,山环水抱,佳气郁葱。胡氏世据厥胜,其掇巍科登膴士,以文章功业照耀史册者指不胜屈,而以邵德伟望高卧林泉者,惟尚仁翁。翁状貌魁梧,神清髯美,诚希世之仪表也。儿时,博古通今,于载籍无不流览。以家贫辍学,因浮槎江湖上。翁操奇握赢,不数年业蒸然起矣。凡起贫乏者多顾吝履,丰伟者鲜令名,翁则人饥己饥,人溺己溺,解衣推食,而火举数十家矣。重辑《家乘》三载,乃成。订误刊讹,宗法赖以不坠,而祖武其绳矣。孳孳为善,惟日不足,族里有自好者,必为奖励扶进,督子孙以义,咸克厥家,而淑誉丛于厥躬矣。行谊若此可不谓贤乎!余聆其言为叹息者久之,今夏之初,适郑子孟雄过,余侃斋复贻余书曰:"余向称尚仁翁详矣。"前天中节二日,为翁八秩诞辰,敢征一言以纪实,兼以侑觞。余曰:"然。"余维洪范五福以寿为首,而封人效祝亦兼,及于寿而以寿,为造物所甚靳而生,人不可必得者耶。今尚仁翁年登八秩,尚强饭如壮时,余将未知其极是岂幸哉!余维侃斋言,以按翁生平,其周急轻财,义也;其联宗续谱,孝也;其以善自淑而淑及人与子孙,仁且慈也。《诗》曰:"乐只君子,万寿无期。"然则翁之寿而臧也,有以哉抑闻之,德之邵者,其后必大,闻丹桂多芳,兰茁其芽奕奕英英，咸卓荦称奇。士行将奋翼青云，稳步丹陛膺圣朝宠，命为我翁光荣。

天顺二年岁次戊寅蕤宾月谷旦
嘉议大夫北都察院右副都御史古歙通家生程富拜撰

（《清华胡氏续修世谱·程御史寿尚仁公序》）

胡高绥代主营商

胡兆保

婺源清华村胡高绥年轻时在汉口帮人打理生意。汉口汉正街上，店铺林立，徽州商人比肩接踵，他们的两层楼房白墙灰瓦，格外别致古朴。胡高绥初时先当3年学徒，他为人忠厚老实，做事认真守信。老板打心眼里喜欢他，也多次试探他手脚是否干净，有一次故意在柜台底下丢下几枚铜钱，想考验年轻人的德行。胡高绥扫地发现了那几枚铜钱，一枚枚捡起来，如数放在柜台上，根本不存在占为己有的念想。老板从此对他另眼看待。

胡高绥即将满师，老板找他谈话，问他："满师后你有什么考虑？"他憨厚地摇摇头。老板说："隃糜这个地方，你可晓得？"他笑笑，又是摇头。老板神情严肃，说道："陕西有一个叫隃糜的地方，比较偏僻，我想派你去那里开店，怎么样？敢不敢去？"

隃糜远在陕西关中西陲，与甘肃省灵台县接壤，这里从前是炎帝氏族活动区，夏商时期在周部落活动区内，后又相继被羌族和戎狄族占领，西汉时设隃糜县，后隶属多变，较长时间被称为千阳县。汉口到隃糜远隔千山万水，生活习俗也大不相同。胡高绥犹豫了片刻，回答说："既然老板相信我，我去。"胡高绥说到做到，按照老板的安排，独自赶赴隃糜，并且信守承诺，在那里一干就是3年。

老板见胡高绥为人诚实，经营有方，又拿出一大笔资金，派他到施南（今属湖北省恩施土家族苗族自治州）及黔南一带去做木头生意。施南当时是一个"去城数里，即在不华不夷之列"的偏远之地。黔南在贵州省中南部，是布依族、苗族的聚居地，多山，交通不便，却又是南方出海的重要通道，也是黔中通往川桂湘滇的故道，自古商贾云集，商业繁荣。胡高绥接受了老板的托付，不计报酬，不辞辛劳，每3年才回家一次。虽然在数千里外，但他依旧兢兢业业，诚信经营，生意红红火火。

胡高绥自己也没想到，他在黔南为老板竟然干了数十年。他数十年如一日，始终坚持诚信经商，以信义交易，遇大灾之年，他还买粮食平粜给灾民，虽损失了一些利润，却赢得了当地百姓的一片赞誉。

胡高绥更没想到，后来当他离开黔南之时，那么多布依族、苗族的乡亲闻讯都纷纷赶来送行，有白发苍苍的老者，也有牵儿带女的妇女，有的竟饱含热泪依依不舍将他送到数里之外。那情景让胡高绥十分感动，终生难忘。

回到汉口，胡高绥的老板对这个跟随自己多年任劳任怨的老伙计真心敬佩。他知道，胡高绥诚信经商几十年给店家带来的信誉，是多少金钱也换不来的。老板与胡高绥结账时，除按约付清报酬，还额外赏了他100两银子。

这100两银子是老板对他诚实做人的认可，也是他勤奋经营应有的回报。这100两银子被他带回家乡清华村捐给了家族修建祠堂。

胡高绥虽然没清华村当时许多商人那样富有，但他却以诚实守信的品格书写了属于自己的人生。

链接

胡 高 绥

翁老伯大人，新安婺源人也。世居婺，为婺旧族。幼孤贫，抚于太孺人。查太孺人稍不怿，公必长跽请得乃已，佐食必亲尝啜。虽其后贸迁在外，时殷存问，凡制衣必量度长短，诹吉登堂而请衣焉。待昆弟极尽友爱，免犹子荣，期望綦深。荣得荐游庠序，翁与

有力。翁幼遭多故,长客汉皋,为主人售鬻糜业,既而重其诚实,托以重资,远历楚北之施南、蜀东之黔江,三岁一归省,逾年而复至。虽跋涉数千里外,不少倦而事无镠辖,同人俱服其能。性慷慨,通大义,在黔数十年,与人无忤。岁饥馑荐,翁积平粜,多赖全活,橐虽倾而意甚得也。后以老归乡,地方感德,啼送数里,俨贤宰牧之去任所者。舟次汉,既复主命,主悉其廉,赆以百金。时大江南北贼初平复,翁归。见所在灰烬,宗祠倾圮,因慨然曰:"人皆有子,若孙而顾,令祖宗木主久无栖所,甚为不可也。"立捐二百金,阖族因激劝,择日鸠工。祠宇遂成,公之倡也。

(《清华东园胡氏勋贤总谱·卷六·高绥先生七十寿序》)

江文标义救弃婴

胡兆保

婺源清华镇江文标,以经营粮食致富,自家生活省俭节约。有一年他在外经商时,看到一张布告,内容是禁止溺女。清代,溺女陋习盛行,不少地方生女婴不肯留养,甚至把刚刚出生的女婴投入水中淹死,或弃于路途。清政府当时也颁布了不少禁止溺女的告示条文,如冯梦龙任寿宁县知县时就颁布了《禁溺女告示》:"为父者你自想,若不收女,你妻从何而来?为母者你自想,若不收女,你身从何而活?况且生男未必孝顺,生女未必忤逆。……如今好善的百姓,畜生还怕杀害,况且活活一条性命,置之死地,你心何安?"江文标反对溺女陋习,在婺源同乡会提出建立"保婴会"。

其实,江文标向来热心公益,凡地方上建造义渡、义仓、义学,他都积极赞助;婺源同乡会提议救助的济老会、孤老院、公济局等慈善机构,他也全力响应,慷慨资助。但溺女陋习屡禁不止,官府对这种现象也无能为力。婺源商人对这种陋习十分痛恨,捐资建立接婴堂、育婴堂、养女会等公益机构,但抛弃女婴的事情还是屡有发生。

也许是江文标乐善好施名声在外,抑或是他在外经商建立保婴会带来的影响,那一年女婴"挂门环"的事情就在他家发生了。

"挂门环",是那些想抛弃女婴又不忍心扼杀小生命的父母采取的一种办法,把女婴裹在包裹里,挂在人家的门环上,他们相信人家即使不愿意认养,也无法拒绝。

那天早晨，江文标刚刚打开店门，忽然看见门环上挂着一个包裹。他满心疑惑，卸下包裹打开一看，令江文标大吃一惊。原来，包裹中是一个刚刚出生的婴儿。

他赶忙唤来妻子，妻子看这婴儿闭着眼睛，不哭不闹，是个女婴，显然是被残忍抛弃的。

江文标问："有没有生辰八字，或者是留言？"

妻子找了半天，也没发现丁点纸条，气愤地说："真是畜生！虎毒还不食子呢，这样的父母真是太可恨了。"

清华老街

江文标说："也许，人家有难言之隐，要不，谁忍心将自己的亲生骨肉挂门环？"

"那我们怎么办？"妻子抱怨说。

江文标无奈地摇了摇头。他家已经有五女二男七个孩子了，虽说这几年贩运粮食赚了点钱，但他一贯乐善好施，又要养一大家人，家中余钱并不多。如果再添一口子，生活就更紧巴了。

"我在同乡会建立保婴会，就是要救助女婴，做事当诚信为本，不可食言。"江文标劝妻子道。

这女婴终于获救。江文标四处求母乳泡米糊，把她喂养大，后来还像自己的亲生女儿一样，为她准备了丰厚的嫁妆，并嫁了个好人家。

链接

江文标

江文标,字仰梅,清华人,贡生。家贫,幼失怙,赖母氏茹荼抚植侍奉,极得欢心。稍壮,以业粮食起家,自奉俭约,遇正务挥金不吝,族众积欠粮二百余,两追捕急,独力完纳,不以累众,人不责偿。时有贫户婴女,乘夜悬挂门外,出资为求乳养及嫁,视如己女,奁赠殊厚。见路毙施棺殓埋,桥梁、道路、宗谱、家庙、庵宇、寺观,事关公益,捐资不居人后。有时暗周贫乏,保节扶孤。妻查氏,亦好善,贫人籴米必溢量予之。

(民国《婺源县志·卷四十一·人物十一·义行八》)

俞俊祺铁石坚贞

胡兆保

　　清代婺源徽商在外地做生意，一代接一代，木商世家、茶商世家比比皆是。不少富商子弟虽家财万贯，但依然铭记父辈的教诲，"真金不如坚贞，有钱不如有节"，诚心诚意做买卖，立信守信做好人，长年累月，执着不变。西冲村徽商俞俊祺被人称为"铁石"，他就是这样的人。

　　俞俊祺，字考维。少小跟随父辈在南京经营木业，后在湖南边远的苗族地区贩运木头，因往返艰难，就改做茶叶生意。清代婺源茶商很多，多往来于广州。婺源是茶乡，乡村家家户户种茶卖茶。春天一来，俞俊祺便与人合伙，挨家挨户去收购茶叶，然后沿水路走乐安河转鄱阳湖入赣江，溯流而上，经吉安府、赣州府、南康县（今江西省赣州市南康区）抵南安府（今江西省赣州市大余县），然后下船雇挑夫行30公里山路翻越大庾岭，到达广东南雄府（今广东省南雄市），再雇船顺浈水而下至广州。一路到广州即使顺风顺水也要两个多月。虽然艰苦，但他有长途贩运木材的经历，大风大浪见得多了，所以无所谓路途辛劳，几年下来也习惯了。

　　不过，他未曾习惯广州那边的生活。婺源的老辈人常常告诫说："少年莫进广。"意思是年轻人没有社会经验，在广州那样繁华的地方，容易迷失自我，走上歪路。所以，俞俊祺在广州经商，谨言慎行，事事留心，除了谈生意，平时很少逛街，依然布衣粗食，保持着俭朴的生活习惯，花街柳巷更是从不涉足，同伴说他是"铁石"，讲他顽固不化不会享受。俞俊祺依然我行我素，不为所动。

俞俊祺虽是商人，却大有书香人家的儒雅风范。回乡后，他经常和家塾的先生亲近，谈世务，话人生，俨然是一位儒商。

尽管在生意场上与许多叱咤风云的成功商人相比，俞俊祺并不显眼，但西冲村父老乡亲对他依然很敬重。婺源举人戴鸿渚在西冲村续修宗谱时，特地为俞俊祺撰写了一篇传记，赞扬他诚信坚贞的品质，并引用《礼记·学记》中"良冶之子，必学为裘；良弓之子，必学为箕"两句，说明环境会给人以重大影响，前辈的德行也会对后辈产生潜移默化的作用。

俞俊祺所代表的徽商精神，正是西冲村人最美的文化遗产与精神财富。

链接

俞俊祺

公讳俊祺，字考维，四民中之以商为业者也。婺之商，惟茶与木相剥复，相乘除。公先习木业，稍获赢余，后因苗楚难于往返，改就茶行贸易，在岭南作客。在粤东，粤地俗尚繁华，非有操持者，不能以无变，故先辈有云："少年莫进广。"公则仍然布衣粗食，一切花街柳巷，寸丝不染，同伴目之为"铁石"。地方重之，曰："真金无如节有坚贞。"运难称意，生意亏蚀，债负丛生，终日家居，难以对人，又不甘于负人，而人亦群谅之，以为胜败乃商家之常……身虽任商贾，大有诗书气味，儒雅风规，故课桑麻笃畎亩而外，常与家塾宾师相往来喜酬接，近则谈世务，远则话羲皇，令人缅翩翩之逸致，仰矫矫之丰裁……生二子，公常训之曰："商之子，恒为商，然择业不可不慎。婺之俗，非木即茶，然木行较正于茶行，粤俗尤华于楚俗，汝父前车之覆，愿尔曹后车鉴之可也。"

（《星源西冲俞氏族谱·卷十四·俊祺公传》）

俞明兆守诺济亲

胡兆保

在南京的婺源木商中，流传着关于"小孟尝"俞明兆的故事，说他曾对同乡承诺，有困难的同乡来南京找他，一定以礼相待，安排吃住，并贴补往返的盘缠路费。人们以为他是客气话，说说而已，没料他言必信行必果，一诺千金，从未食言。

俞明兆，字泽民，号雨庵，清道光十年（1830）出生，从小在婺源西冲村长大。同治初年，俞明兆便随着同宗的长辈去南京学做生意。当时，南京满目疮痍，民不聊生。曾国藩督军张贴告示，要求商人开市营业，恢复正常的生活秩序。俞明兆便邀了几个婺源同乡，先后在南京上新河、镇江鲇鱼套开设木行，一边营业一边周济贫困百姓。

不久，合伙的同乡不干了，他们不同意这样边做生意边做慈善。散伙时，俞明兆把全部资产都拿出来分了，自己只留了一小股。同乡都大喜过望。

后来，俞明兆独自去常州马公桥设立木行。常州是吴文化发源地之一，历史悠久，人文荟萃。俞明兆与当地的豪门大族以及在职或卸任的官员经常往来，关系都很好。战乱后的常州，百业待兴，慈善事业更是荒废凋敝。从育婴堂（收养失去父母的幼儿或被遗弃的婴儿的慈善机构）、保嫠局（收容孤苦寡妇的慈善机构）的捐助，到孤亭、野庙、古寺、危桥的修建，俞明兆无不参与经理。

俞明兆的木行地处交通要道，当时各行业市场大多冷冷清清，但他的木行里每天却人来人往，客座常满。有些是同行的生意人，但更多的是婺源同乡。

常州老街

当时同乡失业的很多，来常州的同乡都在这里落脚，吃住不愁。有时十几人，有时几十人，有的没找到活干就数月、数年乃至数十年都落脚在木行。俞明兆始终以礼相待，安排吃住，馈赠路费，人称他"小孟尝"。

战国时期的孟尝君，以广招宾客、食客三千闻名。于是有人说，人家孟尝君是贵公子，并且食客住下必问有何爱好、有何能耐，以备日后使用。而俞明兆只是一个旅居他乡的木材商人，他收留这些失业的同乡，完完全全出于乡谊和桑梓之情，不夹带任何私心杂念，所以将他比作孟尝君是有过之而无不及的。

一句"到南京有困难找我"的许诺，成就了一段守信的"小孟尝"的仁义故事。

俞 明 兆

公讳明兆,字泽民,号雨庵。与从弟同居数十年,友爱闻乡里,初处殷实,粤匪犯县婺,与从弟避乱山中,子侄等俱幼,四五年贼氛甚炽。同治初,贼既平,曾文正公督师南都,欲复疮痍,出示招商,公与金陵上河汪君、同乡欧阳朗君等,数人共领部帖,始设上河,继设镇江鲇鱼套。公不计小利,周济贫窭辄倾囊。数人惧,欲析去。公分金多与,咸大喜。然终不敢与同,袍以所见各殊,故也。公遂独任,旋徙常州之马家桥。常为人文之薮,科甲繁盛。公与其缙绅巨族相往来,时当兵燹之余,庶务凋敝,育婴保婴诸局,通衢大路之津,孤亭、野庙、古寺、危桥,莫不与绅渐次经理整肃。常当苏润之冲,同业往来,坐客常满,同乡失业者,多寄食门下。恒以十数,有时多至数十,或数月,或数年,或数十年。公恒敬礼不衰,来必代觅枝栖,去必厚赠资斧,故当时有"小孟尝"之称。

(《西冲俞氏宗谱·卷十四·雨庵公传》)

詹励吾的生意经

胡兆保

詹励吾1904年出生于婺源段莘乡庆源村一个普通的小商人家庭，中学毕业曾在婺源中学当过图书管理员，在庆源村小学当过校长，谁也没想到，后来他竟成了江南颇负盛名的"照相器材大王"。

1931年，詹励吾辞别父母妻小独闯上海，蒙表兄老九和绸缎局的老板汪惠成推荐，在华昌照相材料行当会计。当时照相行业在大中城市非常红火，经营照相器材利润丰厚，是一个大有作为的行业。在华昌照相材料行干了两年之后，他决定另立门户。华昌照相材料行的老板詹福熙也是庆源村人，还是詹励吾的族叔，得知詹励吾想自己另开照相器材店，碍于面子，勉强同意，但是要求他不能在上海经营。

詹励吾选定汉口作为照相器材生意的第一站，他的汉口华昌照相材料行很快开张营业。华昌品牌在各地照相行业中有一定的知名度，打出汉口华昌的牌子既与上海华昌有一定的区别，又能借助华昌品牌的影响。其时，汉口华昌照相材料行营销手段灵活，可批发，可赊欠，诚信经营，获得众多客户的信赖。

在汉口站稳脚跟后，詹励吾又把目光投向长江以南的几个城市。不久他亲自南下，在湖南长沙租了一幢三层楼房。二楼开照相馆，一楼经营照相器材。紧接着，又先后在昆明、贵阳、成都、重庆设立分行。生意越做越红火，客户遍及各地，还有来自新疆、宁夏的客户到成都商行批发照相器材。

庆源村景

詹励吾的事业发展迅速。他的成功，很大程度上与他善于用人有关。他用人大致有三个原则：一是不避嫌，唯才是举。当时各地分行中都有不少婺源人，有的还是本家亲戚。他不避亲嫌，有才干就提拔重用，如长沙分行经理詹中期、成都分行经理詹庆盛都是婺源人。二是讲规矩，讲诚信。詹励吾制定了一整套行规制度，要求各分行严格执行，如规定各分行每星期履行一次报告，届时须将营销额、开支、行情用统一的代号打长途电话如实汇报，不得马虎从事。三是倡导忠诚本分，精诚努力。詹励吾常对分行经理说："我有饭吃，你也有饭吃；我能做屋，你不久也能做屋。生意做大了，大家都有好日子过。"

1937年，卢沟桥事变之后，长沙照相器材行由于经营有方，生意兴隆，报纸上的广告篇幅越来越大，一些人心怀嫉妒，便造谣说"詹励吾是汉奸"，危言耸听，弄得满城风雨。一天早上，长沙照相器材行还没开门营业，就被警备司令部派来的大兵团团围住，不由分说，四处搜查，将来往信函账本全部搜去。当时詹励吾不在长沙，他们便把经理詹中期铐走，然后将长沙照相器材行上下层层封了门。

十几个员工，只好挤在一个临时包租的小旅馆里，每人仅带出一床被子、几件衣服。

危难之中，那些平日靠信誉吸引来的各地客户，依然频频来信要货，也有的客户原先订购了照相器材，必须按时发货。而此时，经理被抓走，商行被封了门，詹励吾又远在外地无法联系，怎么办？几个同乡的店员商量，无论如何，货必须发，商行没有垮，信誉不能丧失。这店员自觉自愿地行动起来，想方设法，先把客户订购的器材按时发了出去，接着又把来信购买的器材一批批运走。

就这样坚持了一个多月，生意一笔也没耽搁。后来，警备司令部说这件事是"误会"，将经理释放了回来，商行重新开门，种种谣言不攻自破，而詹励吾商行的信誉反而更高了，也让詹励吾更加感受到用人之重要。他非常感激那些患难与共、忠贞不贰的同乡店员。人在危难中更看得清谁是最值得信赖的伙伴。自此以后，詹励吾对自己的用人之道更加自信了。

链接

照相器材大王詹励吾（节选）

詹励吾抵上海时，正当九一八事变之后，日本人占领中国东北三省，举国上下抵制日货。上海的日商千代洋行，是上海照相材料业的巨擘，店主在这种情况下被迫停业归国。詹励吾和族叔福熙公合资买下千代行，改名华昌行。经营两年，获利数万金。这时詹励吾和族叔在经营方略上有了歧见，族叔主张集中财力在上海经营，詹励吾主张向外埠发展。后来由表兄居中协调，二人各行其是。上海行由族叔经营，詹励吾则退出上海到外埠发展。于是，詹励吾到汉口独资开设了华昌照相材料行，由于他经营手段灵活，数年间获利颇丰，并在长沙、南昌、南京等地各开设分行。……一天早上，长沙材料行还没开门营业，就被警备司令部派来的大兵团团围住，不由分说，砸开大门，四处搜查，将往来信函账目全部搜去，当时詹励吾不在长沙，他们便把詹中期经理铐走，然后将分行上下层层封了门。长沙分行十几个员工都是婺源人，他们只好缩在一个临时包租的旅馆里，每人仅带出一床被子、几件衣裳。偏偏这时各地客户频频来信要货。为了满足客户的需求，他们便在旅馆里做起生意。这样坚持了一个多月。后来警备司令部说是"误会"，放人、启封，那些存心想搞垮詹励吾的种种谣言不攻自破，而詹励吾商行的信誉反而更高了。

(《近代商人》,黄山书社1996年版)

詹文锡与詹商岭

胡兆保

在重庆与涪陵交界有一处险滩,悬崖陡峭,怪石嶙峋,水流湍急,在这片江岸石崖上,有一条被称为"詹商岭"的盘山路。路人很少有谁知道,这条詹商岭是以千里之外婺源的一位木商詹文锡为名。詹商岭深藏着一段婺源商人兑现诺言的故事。

詹文锡,婺源秋口镇秋溪村人,父亲是木材商。詹文锡出生才几个月,父亲就出外做木材生意去了,一直没回来。詹文锡长大了,却不敢在母亲面前提起父亲,一提起父亲她就泪流满面。木商新婚不久就出门经商,一年仅过年时一家人能短暂团聚,也是常有之事。有的木商深入苗疆,路途遥远,三年五载才回来一次。但像詹文锡父亲这样多年不回,音讯全无,实在是有些不合常理。母亲曾经到处打听,周边村庄有木商回来就去问信,却一直没有打听到任何信息。

转眼詹文锡17岁了,一天他对母亲说,要出去寻找父亲。母亲不答应,人海茫茫,山高路险,詹文锡又没出过门,怎么叫人放得下心啊!

然而,詹文锡还是走了。那天,天没亮,詹文锡带着简单的行李悄悄出了门,他发誓找遍天涯海角也要找到父亲。

詹文锡搭上了去饶州的木排。排工大叔都是经常走长江运木材的"老江湖",听说他要外出寻找父亲,本是不应,奈何他苦苦哀求,才同意他搭乘木排。然而婺源出外做木材生意的,遍及五湖四海,没有详细的地址,上哪里去找?排工叹息同情,也对詹文锡添了几分敬意，说年轻人有这份孝心实属难得。他们还告诉詹文锡说："婺源许多木商都在湖南、贵州那边做木材生意，去那边找找，也许可以打听到你父亲的下落。"他们让詹文锡在木排的棚里睡，吃饭也让他一起吃。詹文锡也勤快，木排上有什么杂活他都抢着干，还学着为排工大叔打打下手。

木排走了七天，到达饶州。排工大叔又帮他搭上了走鄱阳湖出长江的木排。到了长江口，下了木排，詹文锡便走旱路从湖北到四川，又从四川走到云南，一路风餐露宿，边走边打听。也不知走了多少路，穿过了多少村庄，跨过了多少河流，反正他见人就问哪里有木商，见木商就打听他父亲的踪迹。然而却没有打听到任何线索。就这样，找了一年多，还是杳无音讯。一天，詹文锡在河边木排上遇到一位木商，赶紧又前去打听。木商说："婺源人做木材生意的太多了，云南、贵州、湖南、四川这些地方都有，有的专门在深山老林里采木，一住就是十几年，你根本没法找，还是回家去吧，大海捞针没指望的。"詹文锡一听，再也忍不住内心的痛苦，放声大哭起来："老天爷，你开开眼帮帮我吧！父亲，你到底在哪里啊！"

詹文锡虽然内心悲痛，却并没有绝望，又动身往贵州方向去找。约莫走了百里，来到一个叫经济渡的码头边，刚巧有只商船要往贵州那边去，詹文锡赶紧上了船。在船上又向乘客重复那数千次的询问，得到的回答依然是不知道。詹文锡疲惫地找了个地方坐下，长叹道："唉！父亲，你在哪里？"这时，旁边有个客商问："你是哪里人？"詹文锡于是又原原本本地说了寻父的经历。客商又问："你叫什么名字？"詹文锡说了自己的名字。不料那客商愣住了，仔细打量着詹文锡，嘴唇哆嗦着说："儿子，我就是你父亲啊！"

詹文锡也愣住了，又改用婺源方言问："你真是我父亲？"对方也用婺源方言回答："是的，我是你父亲。"詹文锡这才大声哭泣起来："父亲！我找您找得好苦啊……"詹文锡抱着父亲哭成一团。原来，父亲这些年都在贵州深山老林里贩木，因为伐木、运木、售木一起做，周期很长，后来他就专门在山里采木，运出山或运至江边便转售给其他木商。就这样在大山里一住十几年。

詹文锡千里寻父终于有了结果，待父亲处理完了生意，父子俩一起回到了家。后来，詹文锡按父亲的指点，也在四川做木材生意。

有一年，詹文锡路过重庆与涪陵交界一带，走在一个叫"惊梦滩"的山崖上，见这里悬崖陡峭，怪石嶙峋，崖边水流湍急，浊浪奔腾，行人路过这里，每走一步都心惊肉跳。这条险峻难行的道路，给詹文锡留下了非常深刻的印象。他当时暗暗发誓：待日后赚了钱，一定要疏通险道。

过了几年，他经商赚了钱有了资本，果然又回到惊梦滩，搭起了工棚，雇请当地民工，凿山开道。当地人大感不解，愚公移山是为了自己出行方便，而这个外地木商为了什么？就见这詹老板日日待在工地上，省吃俭用，却不惜花费大把的银子，劈山凿石，修筑道路。历经数年，终于在悬崖上开出了一条通道，沿途数里，全铺上石板。自此以后，险道成通途，来往的挑夫行人，再也不用担惊受怕了。

当地民众更是感激不尽，敲锣打鼓欢庆道路竣工，并在岭头立碑勒石，将此路命名为"詹商岭"，世世代代铭记婺源商人詹文锡的善行。

链接

詹 文 锡

詹文锡，字禹功，秋溪人。生数月，父远游不归。年十七誓欲寻亲，历楚蜀，入滇南，终年不遇，哀号震天。一夕梦神语曰："汝父在贵州，速往，可途遇。"急走百里许，经济渡处，有往黔商舶附之，兀坐长吁，商疑问，锡告之，故商曰："汝，吾子也！"相持哭。自是偕眷属归。后承父命往蜀，至重庆界涪合处，有险道名"惊梦滩"，悬峭壁，挽舟无径，心识之。数载后，积金颇裕，复经此处，殚数千金，凿山开道，舟陆皆便当。事嘉其行谊，勒石表曰"詹商岭"。

（民国《婺源县志·卷二十九·人物七·孝友二》）

詹元甲不拿抽息

胡兆保

婺源段莘乡庆源村有个商人叫詹元甲，他气质温文儒雅，从小喜欢诗词歌赋，聪明好学，但因家境贫寒，十二三岁就跟着族人出门学做生意了。

詹元甲在安庆开了一家瓷器店，一边经商一边写诗填词，以文会友。他写的诗词不仅在婺源亲友中小有名气，就是在当地文人墨客朋友圈中也颇有影响。

当时，安庆太守陈其崧酷爱诗词，更爱结识有真才实学的文人墨客。一天，他从朋友那里看到詹元甲的诗词，听说詹元甲是一个徽州商人，既有才气又会做生意。陈其崧仔细吟读了詹元甲的诗词，不禁也大加赞赏，从他的诗词中，品味到了徽州商人的胸怀和品格，贾事儒行，以儒事贾，亦贾亦儒，不简单呀！

过了几天，陈太守约见了詹元甲。他见詹元甲30多岁，高高瘦瘦，谈吐儒雅大方，很是高兴。

詹元甲根本没想到，陈太守见他并非只谈诗词歌赋，而是有一件重要的事情要交给他去办。安徽那些年经常出现自然灾害，不是发大水洪魔泛滥，就是遭遇旱灾虫灾，害得灾民流离失所，到处逃难。官府和慈善组织每年都要设粥棚，熬粥赈济灾民。但是世风日下，人心不古，官府采购粮食往往事与愿违，不是粮食商人发国难财漫天要价，就是采办官员昧着良心贪污救灾款中饱私囊。陈太守连日来一直在考虑今年采办粮食的人选，得知詹元甲有经商的经验，人品又好,所以要亲自考察一番。见了面,寒暄片刻之后,陈太守便切入了正题,他要詹元甲速去粮区,采购20万两银子的大米回来,以赈济灾民。

詹元甲犹豫了,他知道这是陈太守对他的极大信任,但事关重大,如有闪失,对不起灾民啊!又转念一想,正因为救灾事大,自己更加责无旁贷。想到这里,他马上应允前去粮区。

到了粮区,詹元甲立即寻找米商,看货验货,商谈价格,马不停蹄地忙开了。米商漫天要价,詹元甲就地砍价。米商以次充好,甚至把霉变的大米也运来滥竽充数,詹元甲火眼金睛一一识破奸商的雕虫小技。有的米商还通过各种关系,给詹元甲塞红包送"好处",要詹元甲验货时手抬高一点,詹元甲一一退还,不留情面。米商拿詹元甲毫无办法,都说:"这詹老板真是古怪!"

詹元甲在一家客栈住久了,客栈老板见他斯斯文文,做事干练,又得知他是初次采办粮食,便有意无意地指点他说:"客官不知是否知晓,像你做这大宗的粮食生意,结账时,按惯例你可以抽息,这次你要发大财了。"詹元甲没听明白:"抽息?什么意思?"客栈老板说:"就是拿回扣,按照金额比例抽成。像你这么大的买卖,少说也可以得数千两银子的回扣。"詹元甲说:"不成,这是给官府采办的粮食,是救济灾民的。"客栈老板笑道:"管他私家官家,这是惯例,没关系的,不拿白不拿。"

当时詹元甲并没往心里去,后来米商果然谈到了抽息的事,只要他一点头,数千两的银子就可以哗哗地流进他的口袋。谁知詹元甲一听却紧张起来,说:"不!不要!如今饥民遍野,一个个都在苦苦等待救济,我拿走一文钱,他们就少了一勺饭。这种瘠人肥己的事,我做不出来。"

米商大为错愕:"你不是开玩笑吧?"

詹元甲认真地说:"开玩笑?开什么玩笑?"

米商笑道:"你此话当真?"

"当真……"詹元甲想了一下,突然说,"不!我要把回扣的银子,全部用来购买粮食。"

"啊?哦,好!好好,全部买全部买……"米商脸上时而惊奇,时而堆笑，他把自己都搞糊涂了。

詹元甲宁可失利、不可失义的精神也感动了米商，一些米商听说詹元甲不要回扣，主动以最低廉的价格将最好的米出售。半个月的时间，詹元甲不负所托，为陈太宁采购到保质保量的大米，救济受灾的百姓。

链接

詹 元 甲

詹元甲，庆源人，职员。性耽典籍，工诗。以家贫弃儒服贾，尝客皖省，设磁铺。时太守陈其崧才名藉甚，得元诗大加叹赏。翌日造焉，见元质实渊雅，遂订交会。岁大祲，陈合金二十余万，力请采办米粮。谋再三，乃诺。既至其地，逆旅主人曰："此地买米，例有抽息，自数百两至千万两，息之数视金之数，今君挟巨资可得数千金，此故例无伤廉也。"元怫然，曰："今饥鸿载途，嗷嗷待哺，予取一钱，彼即少一勺，瘠人肥己，吾不忍为！"后居家，为族兴文社，建义仓，崇节祀，息纷争，善行啧啧，人口不胜枚举。著有《苍崖诗草》存于家。

（民国《婺源县志·卷四十·人物十一·义行六》）

守诺捐修石护栏

程万里

婺源东部五岭中的塔岭,是昔日溪头乡人前往徽州府的必经之路。上溪头村至歙县新溪头乡塔坑村的百丈冲岭古道长约5公里,山环水复,桥路相连,曲径通幽,至今仍保存完好。古道山崖上到处挂着瀑布,"白米下柜""大冲""百丈冲"3处瀑布尤为引人注目。更令人称奇的是大冲、小冲路边的石护栏,历经200余年风霜雨雪,依然坚守在僻静的山野,护卫着过往的行人。而建造这石护栏的,是上溪头村的乡绅程宾明元配汪氏、考授州同知程兆枢及元配汪氏,他们前后接力,共同书写了捐修百丈冲岭古道石护栏的传奇。

明清时期的塔岭古道,不仅是婺源乡人外出经商或做官的必经之路,还是婺源妇女去道教名山齐云山进香的必走道路。明嘉靖年间大畈村汪天官代替皇帝去齐云山向玄天上帝求子成功,使齐云山名声大噪,香火日趋旺盛,也造就了齐云山"休宁山头,婺源人管"这一奇异现象。因此,婺源不少乡村都有大小香会,每年牵头组织信众去齐云山进香。过去女人裹小脚,三寸金莲走起路来很不方便,走山路还得要人抬,从婺源到齐云山往往要走两三天的古道。道路的好坏直接影响她们去齐云山进香的行程乃至人身安全。因此,维修和加固古道,就成了当地村民共同关心的大事。

据《新安上溪源程氏乡局记》记载,清康熙四十二年(1703),上溪头村程宾明的元配汪氏在她80岁时,带头捐银11两,倡修大冲路边的石护栏共30丈（1丈约合3.33米），以保护行人安全。当地蛟池山莲华寺住持诚一积极募化维修资金，上溪头村程氏族众共同捐助，加上村里及周边姚、汪、俞、吴、祝、叶等姓氏的村民热情助工，终于首先修成了百丈冲的石护栏。

塔岭石护栏

当时，考授州同知程兆枢从外地回乡，目睹兴工经过，欣然写下《百丈冲石阑记》。程宾明是程兆枢的族祖，汪氏则是他的族祖母。百丈冲石护杆修好后，汪氏对程兆枢说："百丈冲的石护栏虽然修好了，但是每年霜打雪压，摧残严重。若干年后石护栏万一损坏了，过往行人依旧难行，又该怎么办呢？"程兆枢说："您放心，兆枢无能，但爱乡之情恳切。以后百丈冲石护栏万一出现损坏，维修重建的责任当然由我来承担，义不容辞。"汪氏听后，微笑着说："有你这话，我就死而无憾了。"

过了十多年，百丈冲石护栏出现了多处损坏，损坏部分长达7丈。因为取石艰难，且筹措资金不易，毁坏的石护栏一直无人牵头修复。直到乾隆十七年（1752），时年78岁告老还乡的程兆枢，为了实现当年对族祖母的承诺，毅然捐资集工，再次对百丈冲石护栏进行维修。上溪头村程氏宗族的程兆昔、程上达二人负责登门募助，合族乐输，对损坏的护栏进行拆除，重新整造，錾石安固。柱石底部损坏的，全部更换珠石。共造石护栏8丈，另外加长2丈，连同原先的石护栏总共有32丈。这次修理护栏出钱助工人员达120余人，全部登记在簿，编录在《新安上溪源程氏乡局记》中。

特别值得一提的是程兆枢的元配汪氏，她是程宾明元配汪氏的侄孙女，温柔贤淑，待人很有礼貌，在上溪村一带颇有口碑。百丈冲的大冲之上还有小冲，岭路崎岖险隘，行人提心吊胆，冰雪之后则更加寸步难行。汪氏60岁时去齐云山朝山进香，经过此地时，目睹一路险状，心里就思量着也要像大冲那样在这里修筑石护栏，于是她把子侄辈的祝寿仪礼全部存入路会，生息积殖。到了70岁时，再把子侄辈的祝寿仪礼全部聚拢，加上60岁时入会的本金和利息，算算经费可能还有短缺，她又取下身上的金银首饰，全拿去换了现银两。她还再三叮嘱家人："一定要把钱凑足了才能开工，不必出去募捐。"丈夫程兆枢和儿子程喜奎、程台奎、程合奎等都极力赞成。

兴建小冲的石护栏，石板取自枧岭，珠石取自栈岭，杂石取自燕石阄培。岭路都拆开重造，基脚石全部从石壁凿平8寸（1寸约合3.33厘米），再用青石平垛，还把狭处升高，路阔可以方便抬轿往来。共安珠石柱81座，护栏青石板80块，共长35丈。从3月起工，至10月竣工，共花费银钱120两。每当人们从百丈冲大冲、小冲路过，都忍不住夸赞修建者的功德。

时光过去了200多年，当年修建的百丈冲石护栏在一代代上溪村人细心维护下得以幸存至今，闻名遐迩的百丈冲岭古道成为古徽州遗存目前保护最好的古道之一，吸引着越来越多的户外爱好者。程兆枢夫妇的义行善举，值得铭记和传承。

链接

小冲岭路阑干记

百丈冲大冲之上有小冲，岭路崎隘，行人眩目惊心，冰雪后则寸步难前。枢室汪氏六旬进香经此，思如大冲筑置石阑，即以子侄祝仪凑会积殖。七旬年，计议兴工。匠以大冲石阑颓坏处皆由路脚不实，阑干柱石与底又系青石，层纹易损。今小冲路脚较大冲虚浮更甚，欲垂坚久，须将岭路石脚从实錾平，石柱与底概用珠石。计赀，不足所费，又脱金钏兑换凑殖。遗嘱足费兴工，毋他募助。所遗会赀，散寄难齐。

枢老，急欲观成，男喜奎、台奎、合奎，协力鸠工，于乾隆壬申设厂开宕。石板取诸枧岭，珠石取诸栈岭，杂石取诸燕石阑培。岭路皆拆造，脚石皆从石壁凿平八寸，再用青石平垛。狭处升高，阔通夫轿往来。共安珠石柱八十一座。底条配用珠石坚筑。阑干青石板八十块，共长三十五丈。岭磜路面概用青石平整。与大冲连接处，路石欹陷油滑者，拆修平实。路底向有大石浮碍，旧路即架石浮砌；不能改移者，旁筑石塝以护。

共用银壹百贰拾两有零，匠工石板论方，每方贰两五钱。（众修大冲阑干，用石板贰方，因旧宕石尽，恰够小冲所用。又另宕开取，每方加价五钱。）珠石、杂石点工，每工并钢、铁、炭玖分五厘。（取珠石用铁尖、铁牌，共用铁五十余斤）。造岭路，安阑干，每工玖分。

自三月至十月，日食大小菜皆备贴，估计议工。搭石彻厂皆供饭。开工献神，收工谢神，皆备席接请。安石花红，匠六人，每人贰钱，伙头壹钱。每月朔望酒肉，计人另贴。端午、中秋，咸蛋、馒头、池鱼、月饼皆另备。（大冲附同取石，杂费概省。惟安石、献神、收工并安石后贴菜半月，月朔酒肉一次。）石匠洪（天权兄弟三人，英武、治平等）共七人。扛石板本村包工，每工合捌分六厘；

守诺捐修石护栏

扛珠石包工，每工合捌分四厘；扛杂石、挑沙土，每工捌分。皆现雇，并不募助。督工（孙）锡绅。

      扶杖观成，七十八岁老人程兆枢详记并书
      时乾隆壬申腊月二日

（《新安上溪源程氏乡局记》）

诚心济世游启贤

游珊珊

清代，婺源江湾镇济溪村的游启贤一生崇尚"谨而信"，是值得后人敬仰的君子。

游启贤性情淳朴敦厚，出身寒微，家境困苦，靠教书为生。他精通医术药理，尤擅儿科，医活之人众多。对于贫苦者，更是尽心医治，别人感谢他，送来钱物，他从来都不收。

据说有一天，游启贤行至北乡道中，拾取一包裹，打开一看，里面约有二百金，他席地而坐，静心等候物主来寻。少顷忽闻一阵难闻的恶臭，原来路旁茂密灌木丛中藏着一具被凶恶强盗杀害遗弃的死尸。常人见此，岂不心惊胆寒？而游启贤却无所畏惧，面不改色。一个小时过去了，两个小时过去了……他稳若泰山，岿然不动，继续守候。其实他自己本是有很紧要的事情，当下也都不管不顾了，一直守护着包裹，等待失主。

夕阳西下，失主终于姗姗来迟，泣泪悲戚："我从商多年，好容易积攒起这点资金，本想用来还债，如今粗心而失，以后该怎么谋生？"游启贤急忙上前询问其丢失金额，果不其然，一一相符，随即如数奉还。包裹失而复得，那人喜出望外，表示愿分一半以示谢意。游启贤却摆摆手笑道："我如果想要你的酬谢，何必要还你呢？"那人深感惭愧，忙问姓名，他笑笑也不相告。那人感激涕零，一再敬拜。游启贤自不理会，拂袖而去。

游启贤不为利而动的"金心"和实实在在为他人着想的"诚心"

为人所敬佩。

游启贤不但为人诚实正直,而且极其重视对子女的教育。相传在游启贤儿子游有伦考官进仕时,他没有慈言爱沐、温暖鼓励,而是严肃督教鞭策他:"你不是甘愿为五斗米而折腰的人,当励志为国为民,充分施展你平生所学,否则是不孝不廉,愧于身在其位。你要是做不到,宁可不要出仕也罢!"谆谆教导,掷地有声,饱含一个父亲对儿子的殷切希望和严格要求。他教导儿子要胸怀天下,忠诚爱国。做一个实在人,为民办实事。果然他的儿子不负所望,考中进士,为名御史。在儿子为官期间,他的训诫之言仍不在少数。一日曾郑重留下一封书信于京邸,批评儿子当官失职之处。行文洋洋洒洒而遒劲有力,读来字字珠玑。闻者无不为之动容,潸然泪下。虽然已经数百年过去了,但游启贤这种谨严的教育方式在当今仍有可取之处。

游启贤以身率行,恪守庭训。一生坦坦荡荡,真真实实。纵使生活一度贫苦,却未曾见他露出过忧伤的面色。他心态如常,俭朴的日子过惯了,倒也觉得安乐自在。

晚年游启贤被封为江西道御史,荣耀临门。然而他在日常生活中还是一如既往地勤俭节约,待人忠诚敦厚。不以物喜,不以己悲。因为他言行一致,凡事身体力行。乡里的百姓有什么矛盾纠纷,都愿意找他调解,听他劝告。他不顾烦琐,芝麻大点的事情都会尽心办好,答应了别人的事情从不食言,尽自己所能,一心一意帮助乡民过上舒心的日子。十里乡村,民风融融。游启贤一生诚心济世,同情人民疾苦,可敬可叹。

链接

游 启 贤

贞一公,讳启贤。性纯朴,家贫亦舌耕以给,精岐黄,尤善童科,活人甚众,然不受贫者谢。尝行北乡道中值遗一囊约二百金,公坐守以候。时丛簿中有腐尸秽甚，盖暴客所伤而颠越者，公弗畏，终候焉。日且暮矣，失金者方号泣而至曰："为商数载，仅得微资归，偿所负，今忽失之吾无以生焉矣。"公询其数，与所拾符，举而还之，其人喜溢望外，愿分半以谢。公笑曰："吾苟欲谢，何如勿还。"问公姓名，亦不告，其人泣拜，公不顾而去。课子碧翁，中南省经魁，勉之曰："汝之气节非甘为五斗折腰者，当励志一第庶展所学，否则孝廉常秩，汝不愿为，宁勿仕可也。"后子果成进士，为名御史。又尝遗书京邸，诫以弹劾之职，虽尚风裁，尤当济以浑厚，闻者以为至言。公为人坦衷直行，恪守庭训，虽贫贱未尝有戚容。晚以子贵封江西道御史，俭约和厚如平时，居乡排难解纷讼争息，郡邑屡延太宾，寿七十有二。详邑志质行。

（清乾隆《济氏游氏宗谱·卷二十二·儒隐》）

重诺倾囊解族忧

游桂生

游北岳（1530—1606），字伯岳。他的先祖游朝宗，曾奉明永乐帝之命建造京师及天寿山陵。浩大的工程三年竣工后，游朝宗因老疾向永乐帝提出回乡，永乐帝赐他绯衣一袭。回乡之后，济溪大儒游兰仲特意写诗赞美："三年故国关山月，千里金城鹰骛秋。馆谷勅颁光禄酒，尚衣宣赐紫驼裘。云随郑履穷坤轴，花覆田车拜冕旒。赐宴承明归去晚，微垣信有客星留。"

游北岳家庭教育环境优越，从小就受扶困救急、诚实守信的好家风熏陶。他身材魁梧，相貌奇特，蜷曲的胡须连鬓。他性格敦厚笃实，朴实正直，高雅古朴，正直不阿。他家境殷实，积蓄丰厚，如果遇到欠债的户主确因家里有急事或大病等还不起债务，便把债券当着欠债的户主的面烧毁掉，让户主能安心处理急事或养病。当时邻村有横行乡里的无赖，游手好闲，眼红游北岳的万贯家财，趁着月黑风高的晚上，摸进家中，想把藏有金银首饰的盒子偷走，结果被游北岳发觉当场抓到。游北岳没有恃强对无赖进行殴打，而是推心置腹地教育了他一番，这个无赖也深为感动，表示悔过，以后要好好做人。游北岳见他回心转意，就放他走了。

游北岳生平重视兑现诺言，据村人相传，有一年春节期间，游北岳与几位乡贤约定，中秋在家品茗论诗，那时游北岳在苏州做生意，家里的朋友写信提到了这件事，尽管生意繁忙，他还是交代手下的伙计打理好生意，风尘仆仆赶回家，履行了这次约定。他曾引用墨子"言不信者行不果"来强调诚信的重要性。村里的人都很信赖他,有事都会找他商量解决。他平时经商也非常重视诚信,所以他的生意一直很红火。

游北岳曾经向族长许诺,如遇到大的公益事项采办,可以找他,他都会尽力而为。据村里的老人讲,当时修大宗祠时,大殿缺少两根正梁,因正梁需要粗大的木头,周围的村庄都没有合适的木材,村里就请当时远在外地经商的游北岳代为采购。这两根正梁因过于笨重,多费了很多的人力物力才运到了村里,最终大殿的建造得以顺利完成。负责祠堂建设的人问他价格,他豪爽地说,家族的事情只要他能做到的,就一定想办法完成,并不计较花费,如果大家都这样想的话,就一定能把事情做好。

正是因为他在乡里、族里重视实现诺言,是诚信的楷模,一直被公认为是德高望重的乡贤。晚年回家后,大家都推荐他做祠堂的管事,事无大小,他都亲历亲为,尽量做好。年过七十过世,当时族中的十洲先生游再得(嘉靖年间左副都御史游震得的弟弟)特地为他写了行状。只可惜经过悠悠岁月的洗涤,这篇先贤的片言只语已无从寻觅了。由于游北岳高尚的道德风范,良好家风的传承,他的儿子游起光被推为地方的约正,孙子游凤腾,曾孙游天街,玄孙游大亨、游应鹤皆因品德操守出众而被载入宗谱的质行篇。

链接

游 北 岳

进八公北岳,字伯岳,仁三公七世孙。虬髯伟干,敦庞质直,高古耿介,家颇多积贮,赴人缓急,甫不偿辄焚其券。时有无赖子,意公厚藏,夜祛其匣,公觉,纵之使去,无所问。生平重然诺,里有购,倾囊以解,终无德色。晚重于乡族,人举摄祠事,勤劳干济,不遗余力。年过七十而卒,十洲先生为之状。

(清乾隆《济溪游氏宗谱·卷二十二·质行》)

诚信为本查贪腐

潘永祥

潘镒(1489—1541),字希平,别号叠峰,婺源中云镇桃溪村人。明正德十三年(1518)中举人,正德十六年(1521)登进士。初任南京户部主事,兼监管北新关工作。

坑头村景

潘镒出生于有深厚文化底蕴的诗礼之家,其父英公,有光大祖业之志,精儒学而仁慈典雅,治家有度,教子有方,要求子女为人诚实,做事诚信。生有两子,长子镒,次子铉,兄弟两进士,同朝为官,光耀祖宗,父母亦受皇恩封赠,坑头村外还建有兄弟俩的"科第联芳"牌坊。

北新关始设于宣德四年(1429),位于杭州城北的北新桥间。景泰元年(1450),由户部差主事掌管收缴商贸税，收取陆路商贸税金。桥下设水门，亦同时收取水运商船过往之税金。江浙物产丰富，贸易繁荣，四面八方之商贾多集于此，北新关为江南一条非常重要的交通商贸关隘，亦为明朝全国的七大重要关口之一，年收入税银竟达11万两之多。由于历来官府疏于管理，加上朝政腐败，官员上下内外勾结，损公肥私，北新关贪污受贿现象日益严重。

主事潘镒到任后，了解实际，熟悉业务，坚持原则，公正无私，对关内每天发生的大宗商品过往，亲自查对核实。对过关商贸有疑难问题的明察暗访，对证据确凿的贪官污吏，据实上报按察司处理。并亲自动手进行整治，重新制定各种制度，加强多项监督措施，对所收关银逐项逐笔如数登记入册，加盖布政司官印，将每天所收关银，全部解送并贮存于杭州府银库。这样交接手续清楚，行事规范，至五月末，北新关收缴的关银总额就已经超过往年全年的一半了。

嘉靖四年（1525），吏部考核官员3年政绩，潘镒因政绩非常突出，有雄才大略，巡抚及都察院一致公认潘镒才德并茂，清正廉明，一心奉公。北京户部尚书蒋公下谕调潘镒进北京户部。潘镒以父亲年老请辞，供养父亲于南京，亲自为父亲端屎倒尿，又为父亲制新衣。父亲说："吾儿清廉，不需要为我做新衣，托儿福气，我已荣受皇恩封赠，粗布麻衣穿在身上也一样舒适。不要为我分心，只要忠心为国效力，为人做事，诚信为本，我就没有什么遗憾了。"

明朝户部所掌九库，长期管理混乱，人员交替繁杂，弊端难绝。南京户部传送来北京户部公文，言九库管理刻不容缓，目前不仅商家积怨深重，部属各司也多有怨声，忧恐祸患无穷，特委任潘镒执掌九库。同僚们都劝潘镒不要接任，而他却牢记家规祖训，忠于朝廷，诚信为民，做一个忠臣廉吏。潘镒二话没说，毅然接任九库核查工作。并将父亲送回老家，以免父亲为他担惊受怕。在九库任上，潘镒带领几个吏员日夜加班，全身心投入核查工作，先后把收入、支出、总账、分账分类整理，分析数据，逐笔核对核实，对几千册账本及众多单据全部进行清查，将20多年来，九库全部账目的差错问题，全部弄清查明。凡是九库掌控实权的吏卒，有失职受贿的全部革职，并革去九库中挂名不做事却领薪金的300人，从此宿蠹为之一清。由于处理得公平合理，奖罚分明，令九库众人心服口服，当时朝廷一片称赞颂扬之声。因此潘镒官声大振，威望日高。嘉靖五年（1526），升任福建司郎中。

嘉靖八年（1529），潘镒升任湖广荆州知府。时有不少人迎合巴结，馈赠送礼全被他拒绝退回，一时又声誉大增。后改任长沙知府，他全力除平盗贼，兴学清狱，民得以安。其父病故，他回乡守制3年后，补任兖州知府，升山东副使，又任霸州兵备，随驾称旨，昌平侍御，再擢升为河南布政司左参政，后被弹劾去官。居乡两年后，病卒。

链接

潘 镒

潘镒，字希平，桃溪人。进士，除户部主事，监北新关，罢镇守无名之需，减岁二千金。钞额告溢，则尽蠲小税，乃疏钞倍之，故而归其羡于大司农。擢员外郎中，革部中白直三百人，宿蠹一清。寻知荆州，改长沙，补兖州，所至缉盗平贼，兴学清狱，民用以安。升山东副使，霸州兵备，扈驾称旨，擢参河南左辖。镒性孝友，与人交不立町畦，而胸中泾渭较然。居二年，遭继母丧，哀毁遘疾，卒。

（民国《婺源县志·卷二十四·人物五·宦绩七》）

取信于民筑河堤

潘永祥

潘钎（1505—1554），字希行，号直原，婺源中云镇坑头村人。他自幼颖异，对人非常有礼貌，懂规矩，记忆力特别强。入私塾读书时，过目不忘，日记万言。稍长大后，学业精进，诗文皆能。明嘉靖四年（1525），督学卢公奉命选考优秀白衣士，即挑选还不是秀才的有才志儒士。潘钎自荐参加南京考试，督学卢公阅其文，称赞其文章秀美。当年秋闱，潘钎便顺利考中举人。

坑头村景

嘉靖十七年（1538），潘钗考中二甲进士。他生得相貌出众，仪表堂堂，高大英俊，举止彬彬有礼，善于言辞而平易近人。按明朝廷当时用人规矩，京官必须在二甲进士中挑选，当年殿试考中的优先选用。行人司是掌传旨、册封等事的机构，选用人更有特殊要求，以体现皇家威严和权力。潘钗很顺利地被选入行人司任行人。行人司于洪武十三年（1380）设置，专门在各衙门间跑腿办事，主掌传圣旨、颁册封等朝廷大事。即凡朝廷颁行诏敕、宗室册封、抚谕赐赏等圣旨谕令则派行人司出使。潘钗任行人时，经常去京城各衙门及全国州府县传圣旨、颁册封。他于嘉靖十九年（1540）奉圣旨赴青州册封武定侯家，武定侯家有非常丰厚的金银珠宝相赠，潘钗概不接受，丝毫不取，婉言辞谢之。嘉靖二十年（1541）十月，潘钗升任行人司司副，由于他工作做得非常出色，人际关系亦好，办事认真，勤奋自律，讲求实效，清正廉洁，深受皇上和大臣们信任。嘉靖二十一年（1542）夏又擢升行人司司正。

嘉靖二十四年（1545），潘钗迁任青州知府，由于前几任青州府知府没有选好，有的知府因贪污受贿被罢官，有的知府因行为不端被罢官，有的无安邦定国抚民之才被罢官，有的因病辞官。青州长期以来一直是个乱摊子，几十年来根本没有得到很好的治理。潘钗一上任，便遵守祖训族规，为官诚信，说到做到，爱民如子，廉洁奉公，忠心报国，严格要求自己，上对得起祖宗，下对得起自身。他上任后第一件事就是肃清牢狱，对所关人犯他亲自重新逐一审核，将冤假错案误判之人全部释放回家，一般犯人从轻发落，彻底清查冤狱。实行刑简，费除苛政，轻赋税，减徭役，厚民生，重视人才，发展儒学教育，修复子贡书院及各地学馆、书院。经过一段时间的治理，青州府百业兴旺，农工商贸繁荣昌盛。又严惩了当地地痞恶霸，逃亡外地的百姓都回到家乡，百姓得以安居乐业，呈现出盛世景象。

这年春夏之交，青州连降特大暴雨，连着十天半月，暴雨下个不停，河水急速上涨，洪水溢入青州。青州原本地势低洼，一时大量的洪水积聚无法退泻出去，青州附近的高宛、博兴、乐安三县首当其冲，房屋庐舍全被洪水冲毁卷走，不少老百姓死于滔滔洪水，造成无数人无家可归。这期间，三县人却与新城人因洪灾由争吵发展到打架，由打架又发展到争占堤坝，造成不少百姓伤亡，社会局面动荡。潘钺先后派出多批下属官员对双方进行劝导调解，由于双方死伤不少，结怨颇深，矛盾一时难以化解。他这才认识到须从根本上解决问题，白天他深入走访双方士绅群众了解原因，夜晚潘钺亲自带领下属官员秉烛乘木筏视察洪水灾害，所到之处都被洪水淹没，三县之民男女老幼、父老乡亲都挤住在狭小的堤坝上，仅用门板、衽席搭成低矮简陋的住所，灾民拥挤不堪，啼哭、病痛之声不绝于耳。潘钺每到一处察看，总是含着泪对灾民说："我是你们的父母官潘钺，请大家相信，我一定说到做到，绝不讲假话、空话，唱高调，欺骗你们。我为官一定讲诚信，守信誉，把你们灾民的事办好。"

他立即向朝廷上报救灾事项，下拨救济灾粮和救治生病灾民。一面报请朝廷紧急拨付修建河堤银两，一面在本地积极筹集巨额资金。他还捐出平时节俭省下来的官俸，又动员全州富商巨贾、官宦士绅捐款。动员大家有钱出钱、无钱出力，特别动员广大灾民采取以工取酬的办法，投入修堤队伍中，赚钱养家糊口，维持生计。这几项措施同时实施，组织起万人修堤队伍，日日夜夜连续不停地抢修大堤，将近一年时间，大堤修建便宣告基本完成。

嘉靖二十九年（1550），潘钺迁河南信阳兵备。此前，不少州郡被土匪流贼李邦真的军队占领盘踞，潘钺制定进剿方略，调官兵进攻围剿，一年多时间，荡平贼穴，并擒获贼首李邦真，这股土匪流贼终于被平定。朝廷大嘉其功，百姓得以安居乐业。不少乡绅官宦筹划欲为潘钺刻碑建庙，以歌功颂德，他立即给予制止。全省官府绅士平民一致称颂潘钺清正廉明。

嘉靖三十二年（1553），潘钺再迁江西参政，是年江西大旱歉收，民有忧色，至来年春夏之交，饥民大增，随处可见讨饭之人，甚至饿殍。他又忙于救济饥民，上报朝廷拨粮赈恤，设粥棚施粥于灾民。嘉靖三十三年（1554），倭寇入侵浙江、福建沿海等地，朝廷急调川陕兵抵御。潘钺负责调拨钱粮后勤事务，终因日夜操劳过度，加之身体多病和积劳成疾，于岁末病卒于洪都（今江西省南昌市）

官舍，终年50岁。朝廷深为惋惜，祀为乡贤。他长期以来忙于政事，忠心为国为民，严守信誉，诚信办事，说到做到，从不讲虚假话。遗作有《直源存稿》存世。

链接

潘钺

潘钺，字希行，号直原。幼颖异，七岁居母丧，执礼如成人。岁乙酉才弱冠，以文谒督学卢公，卢公大奇之。即以白衣士应举，遂登乡荐，戊戌进士。授行人，历使名藩，于亲王馈赆一无所受。满考当补，台谏以兄鉴任京堂，引嫌改刑部郎中。时大司寇叶公精人伦，鉴少所许可，独器重公，寻迁青州。守青故剧郡。公为疏滞狱，宽夙逋，解繁涤苛，青乃大治。曾高宛、博兴、乐安三邑河溢为患，公夜乘筏亲塞其罅，因旧堤而益之，三邑衽席。擢信阳兵备时，有流寇李邦真等剽掠诸郡，岁久滋蔓。公令分兵屯要害，自进军罗山，一鼓擒之，悉荡其穴，民赖以安。进江西参政，属岁大歉，又倭寇江南，公赈恤民饥，挽输兵饷，日不暇给，渐忧悴成疾，卒于任。时论惜之，崇祀乡贤。

(《桃溪宗谱·卷首·名望》)

修堤除恶彰诚信

潘永祥

潘之祥,字伯和,号泰符,晚号节庵,婺源中云镇坑头村人。少沉毅不凡,明万历十六年(1588)参加应天乡试考中举人,万历二十六年(1598)考中进士。

潘之祥出生在家学丰厚的书乡桃溪村,自幼便受到良好的家规家训教育和熏陶,循礼义、明忠孝、守诚信、讲仁爱。他严秉祖训,恪守家规,将言行一致作为自己人生准则。

坑头村古民居

潘之祥中进士后，初任湖北潜江知县，清正廉明，办事明敏。他牢记家规家训，取信于民。潜江自古以来，地势平坦而低陷，河流密布，北部靠近汉水，西有东荆河、中沙河，东有城南河、汉南河，南则面临长江。一旦突发洪水，良田、房屋会被洪水吞噬，每年因水患就要减少田地税赋捐的十之四五。

潘之祥上任后，深入下层，了解情况，制定治河方案，因筹集大量资金较难，故每年只对部分河堤进行修理，以维持现状。万历二十九年（1601）夏初，正值梅雨季节，连日大雨倾盆。汉水河水暴涨，汹涌的洪水冲毁柘林堤而涌入潜江县域，接着洪水又冲决二道堤郑蒲口河堤。郑蒲口堤在县城之上，一旦溃破，潜江县城便会被洪水四面围困。虽然潜江县城原有卫城之堤，但卫城堤被洪水冲溃，潜江县城就成为汹汹洪水中的一个孤岛。郊外之民扶老携幼四处逃命，县城附近之民，都露宿在城堞楼橹间。灾民呼号之声，流离之状，令人不忍见闻。知县潘之祥连日对灾民走访安抚，对无处安居的灾民，帮助他们临时安置。潘之祥对灾民说："请各位乡亲相信，我一定会把防洪堤修筑好，诚实守信，决不食言，决不辜负全县灾民。"接着他组织起一支工匠队伍，随时巡查城墙，发现裂缝、泄漏、倒塌，立刻进行抢修，以确保潜江县城内百姓生命财产安全。同时号召全城百姓尽快进行修堤，向朝廷申报赈灾银两，向当地官宦、富商、财主劝助捐款。他带头捐资，多方筹措钱粮，又按户田亩分担修堤钱项。潘之祥全力组织民工和钱粮，聘当地名士唐仕具体负责施工修堤，日夜加班，起早摸黑，不分酷暑严冬，用了近一年的时间，基本修筑好柘林堤和郑蒲口两条河堤，还对大片低处积水开渠疏泄，这样彻底消除了水灾隐患。春天里，长堤亘虹，平畴复绿。城郭无恙，迁民返业，一派生机气象。河堤修好，促进了当地农业生产，多年荒芜废弃之地，也变成了肥沃的良田，朝廷赋税也增多了。

刘道隆撰写的《郑蒲垸堤记》记述了潘之祥不辞辛劳，身先士卒，历尽甘苦终于修筑好两条河堤的事迹，也见证了洪水之危害，百姓受苦之惨状。为了鼓励教育潜江人们多办公益事业，又修建有纪念意义的"冷然亭"。潘之祥还亲自撰写了《冷然亭记》，简要介绍了修筑潜江堤坝的经过。潘之祥在调离潜江10多年后，当地民众仍不忘其恩惠，又建起"潜江县生祠"，列潘之祥肖像于祠内显要首位，供人们瞻仰祭祀，以志不忘其功。

当时有个在布政司做过官的潜江人，他拥有非常多的田产，还时常舞文弄法以骗逃或拒交潜江田赋。潘之祥经过查访识破其诡计，将其绳之以法。其上司多次派人送信说情，潘之祥也不为所动，仍坚持原则，秉公而断，民众拍手称赞。

《婺源县志》中所记潘之祥事迹

其时潜江有个宦官陈奉，以开矿为由，横征暴敛，鱼肉百姓，民众叫苦不迭。更为可恶的是他时常派出亲信在潜江上设卡，凡来往经过的商船，经常遭到抢劫甚至船家被杀。有一位赴任的官员带家属上任途经此地，陈奉的亲信在其官船上抢劫钱财后，反诬陷他们是强盗，将赴任官员、其妻子及同船人全部杀害沉入江底。潘之祥得报后，立即将凶手捉拿审问，当堂将凶手杖毙。陈奉心虚，假装发怒，装腔作势扬言要捉拿潘之祥问罪。潘之祥毫无惧色，对陈奉说："我是天子任命的官员，你们这些奴才鼠辈，还敢欺天犯法？"

这件事传到朝廷后,神宗便下令撤回宦官陈奉。潘之祥这种罡风劲节作风,一下子在三楚大地传开了。他也破格升补为山西道御史,以清廉执法,认真巡视芦盐法,杜绝贪污。他上疏的奏本,大多为选用贤能,注重事权,为盐政多切中时忌,大多被皇上采纳。遂外迁江西布政使司右参议,兼按察司金事,分巡南昌、饶州、九江三郡兵备。因湖关税赋额度事与巡抚意见不合,引疾辞官归乡。朝中大臣屡荐其重新出任,他绝意不出,士大夫对其没有被重用感到十分惋惜。

潘之祥辞官回家后,把主要精力用于宗族子弟的教育,希望把祖宗定下的家规家训传承下去。潘之祥认为贪欲聪愚是人之先天所生,而"五常"仁义礼智信,"八德"孝悌忠信礼义廉耻都是后天可以通过教育、学习获得的。他曾说:"兴教致亲,以叙人伦,而赞王化。"他自己也时常给族中子弟讲课,让他们"自幼童耳熟家风,少小习惯家规",传承良好的家风。

潘之祥居乡闲时与县内余少原、汪登源等在县内书院讲学,以推动县内读书之风,传播朱子理学。他又捐资置田30亩,在坑头村设立"兴贤文会"。组织文人学士时常集会吟唱,作诗作赋。他待人接物谦虚谨慎,诚挚友好,平生注重诚实守信,办事认真负责,从不马虎了事。著有《兰台疏草》《居潜小录》。

链接

郑蒲坑堤记

岁辛丑汉大溢,溃柏林堤而入。遂决郑蒲口,口在邑上,流其势建瓴。虽旧有卫城之堤,而四面环水,若一盂之漾波心殆已。于时人情汹汹,郊之民携老幼而走;廓之民,负釜甑而露宿城堞楼橹者聚若蚁,呼号之声、流离之状,所不忍见闻。盖惩于癸未之水而然也。此赖邑侯潘使君焦劳于上,广文先生、唐君,奉侯牒而奔走尽瘁。于下补罅塞漏,随圮随筑城,幸免于为鱼。而四境内外,则几于墟里之无烟矣。侯恻然伤之，请于当道，议修筑，无奈灾民负逋，而邑藏更若扫。侯乃多方措置，出募费若干度，不足又令里民计粮亩而助，招募费若干椒。广文先生督其事，自冬徂春，官民胼胝越数月而功始就。长堤亘虹，平畴复绿，迁民返业，农人狎野，效廓无恙。回视曩昔，昏垫而转。徒者，盖霄垠之不啻矣，且虑霖潦时至或无以疏积水也。又相地为刲于堤之流以泄之河，父老受侯赐，佥谋碑而记之，以志不忘不佞。

道隆曰："是役也，独潜民之受侯赐哉！"郑蒲之与柘林两堤实相表里，当柘林堤决，潜之害，孔棘者，以郑蒲口为迫于城耳。其南溢而自沔之，北以迄景之西南数百里为壑者，皆潜也耶！方水势荡析，即二境惟议筑之。恐后乃水去，而二境之人曰，非吾事也。议者亦遂。因之曰，是诚无与彼事也。春秋谊恤震邻，矧兹利害之与共乎？借谓沔景之民灾矣。而潜之力，岂独堪耶？幸侯无分畛域，毅然在事。曰，吾堤郑蒲口以卫城势，不得不堤柘林口，以障全河而东使无虞。郑蒲之新筑任劳怨，不沮不挠，拮据以有成功，即今汉无南溢。而景沔之间，麻桑被垅，妇子嘻嘻！谁则贻之耶？一举而两工竣，三封庇数百里之患除，盖不独潜之民受侯赐而已也。父老曰，民等受侯赐，而景沔之人，不知有侯之赐。当路知是堤保障潜民，为侯之功而不知，景沔之民免于纳潜者，皆侯之功，请并记之，以志不忘。云：侯讳之祥，别号泰符，新安之婺源人。以制科高第来宰吾潜。是役，盖其政成化洽之日也。唐君，讳仕，号泉，澧州九溪人。以明经为弟子，师佐侯致功于民，因并书焉。

（《桃溪宗谱》）

后 记

2018年9月25日，江西省政协主席、党组书记姚增科同志，对中央电视台专栏《记住乡愁》（第二季）"婺源汪口村——诚信为本"一集播出婺源汪口村人世世代代诚信经商的故事作出批示："请当地市县政协深度搜集整理出来此类故事。"上饶市政协领导指示婺源县政协按照姚增科主席的批示抓好落实该项工作。

婺源是千年书乡，深厚的文化底蕴孕育了良好的家风民风，涌现出许许多多感人至深的诚信故事。这些诚信故事，是婺源先辈留下的精神财富，是中国传统文化诚信精神的体现，是婺源先贤经过长期的历史积淀，融入精神血脉的优秀文化基因。当代婺源人有责任传承好这些优秀文化基因。为了落实姚增科同志的批示，弘扬婺源本土诚信文化，婺源县政协研究决定，由县政协学习文史教文卫体委员会和县老科学技术工作者协会共同组织挖掘整理婺源古代的诚信文化、编写《百世风范：婺源诚义守信故事选》一书，并纳入县政协2019年重点工作之一。

2019年3月8日，县政协学习文史教文卫体委员会和县老科学技术工作者协会邀请婺源县地方文化工作者召开本书编写工作会议，经过与会人员的商讨，形成了编写方案，明确了本书的编写目的、组织机构、撰写事项、工作安排，正式启动了本书编写工作。2019年12月，在12位作者的共同努力下，经过反复修改，撰写完成了49个婺源诚信故事。

《百世风范：婺源诚义守信故事选》的撰写主要依据《婺源县志》和民间的宗谱、家谱，每篇故事均链接史料来源，突出诚义守信主题，客观陈述人物、情节，力求语言生动通俗，既有史料性，又兼具故事性。全书收录的婺源境内发生的或婺源人的诚义守信故事均有凭有据，真实可考，内容体现正能量，反映真人真事真情，为传承和弘扬婺源义守诚信文化提供丰富的素材。

《百世风范：婺源诚义守信故事选》的编写出版工作得到婺源县委、县政府的大力支持。婺源县政协高度重视本书的编写工作，多次召开会议进行专题研究，组织成立编委会，负责本书的人员组织、书稿撰写、编辑核对、联系出版等事项。县政协主席汪学群主持协调本书编纂事宜；县政协原主席汪春萍为本书作序；县政协副主席程汉新任本书主编，多次召开会议进行具体部署；县政协党组成员何宇昭审阅了书稿并提出修改意见；县老科学技术工作者协会会长汪桂福多次过问书稿出版工作；县政协委员、县委党史办一级主任科员吴精通任本书常务副主编，负责本书的方案制订、组稿统稿等工作；县老科学技术工作者协会副会长兼秘书长毕新丁负责本书统筹、联系出版等事宜。在此向所有给予本书关注、帮助、支持的单位和同志表示衷心的感谢！

由于编写时间仓促和编者能力水平有限，有一些诚义守信故事还未深入挖掘，书中难免存在疏漏之处，敬请广大读者朋友予以指正，在此诚致谢意。

编　者
2021年9月